Michael Carlberg

Die Ordnung der Städte im Wirtschaftsraum
der Bundesrepublik Deutschland

Die regionalen Wirkungen der Finanzreform 1970

D1729886

Schriftenreihe des Sozialökonomischen Seminars der Universität Hamburg

Bd./Vol. 6

Michael Carlberg

Die Ordnung der Städte im Wirtschaftsraum
der Bundesrepublik Deutschland

Die regionalen Wirkungen der Finanzreform 1970

Peter Lang
Frankfurt am Main · Bern · Las Vegas

Michael Carlberg

Die Ordnung der Städte im Wirtschaftsraum der Bundesrepublik Deutschland

Die regionalen Wirkungen der Finanzreform 1970

Peter Lang
Frankfurt am Main · Bern · Las Vegas

Carlberg, Michael
Die Ordnung der Städte im Wirtschaftsraum der
Bundesrepublik Deutschland : d. regionalen
Wirkungen d. Finanzreform 1970. - Frankfurt am
Main, Bern, Las Vegas : Lang, 1977.
(Schriftenreihe des Sozialökonomischen
Seminars der Universität Hamburg; Bd. 6)
ISBN 3-261-02209-4

ISBN 3-261-02209-4

Auflage 300 Ex.

© Verlag Peter Lang GmbH, Frankfurt am Main 1977

Druck: Fotokop Wilhelm Weihert KG, Darmstadt
Titelsatz: Fotosatz Aragall, Wolfsgangstraße 92, Frankfurt am Main.

INHALTSVERZEICHNIS

VERZEICHNIS DER TABELLEN

VEREZEICHNIS DER ABBILDUNGEN   Seite

VERZEICHNIS DER SYMBOLE[1]

a	Entfernungsexponent beim Potential
A	Kommunale Aktivität, kommunale Ausgaben
AB	Ausgleichsbeiträge
AF	Allgemeine Finanzzuweisungen
AM	Ausgleichsmeßzahl
AZ	Ausgleichszuweisungen
B	Steuerbasis
c	Konstante
C	Staatlicher Konsum
d	Entfernung
e	Elastizität
E	Einwohnerzahl
G	Einflußgröße
GA	Gesamtansatz
GB	Grundbetrag
i	Gemeinde
I	Staatliche Investition
K	Staatliches Kapital
P	Potential
r	Korrelationskoeffizient
r^2	quadrierter Korrelationskoeffizient, Bestimmtheitsmaß
R	Rang
s	Standardabweichung
S	Staatliche Schuldenaufnahme
SM	Steuerkraftmeßzahl
t	Zeit
τ	Steuersatz
T	Steuereinnahmen
U	Nutzen
v	Variationskoeffizient

---

1) Ohne Faktorenanalyse

V	Versorgung mit öffentlichen Gütern
$\bar{x}$	Arithmetisches Mittel
X	Staatlicher Output
Y	Bruttosozialprodukt
Z	Zuweisungen

VERZEICHNIS DER ABKÜRZUNGEN

AER	American Economic Review
AK	Archiv für Kommunalwissenschaften
BGBl	Bundesgesetzblatt
BSP	Bruttosozialprodukt
CJE	Canadian Journal of Economics and Political Science
Ecn	Economica
Ecm	Econometrica
ESt	Einkommensteuer
FA	Finanzarchiv, Neue Folge
FAG	Finanzausgleichsgesetz
GemSt	Gemeindesteuern
GewSt	Gewerbesteuer
GewUml	Gewerbesteuerumlage
IR	Informationen zur Raumentwicklung
JNS	Jahrbücher für Nationalökonomie und Statistik
JPE	Journal of Political Economy
JRS	Journal of Regional Science
JS	Jahrbuch für Sozialwissenschaft
Kfz	Kraftfahrzeug
KSt	Körperschaftsteuer
LohnsuSt	Lohnsummensteuer
MS	Management Science
NTJ	National Tax Journal
OR	Operations Research
PF	Public Finance

RESTat	Review of Economics and Statistics
REStud	Review of Economic Studies
RR	Raumordnung und Raumforschung
RS	Regional Studies
RSA, PP	Regional Science Association, Papers (and Proceedings)
RUE	Regional and Urban Economics
SBA	Statistisches Bundesamt
SEJ	Southern Economic Journal
St	Steuer
SVS	Schriften des Vereins für Socialpolitik
USt	Umsatzsteuer
WS	Wirtschaft und Statistik
ZN	Zeitschrift für Nationalökonomie
ZS	Zeitschrift für die gesamte Staatswissenschaft

1. DIE FINANZSCHWÄCHE DER GEMEINDEN

1.1. Die politische Diskussion

Die mangelhafte Finanzausstattung der Kommunen wird in der
politischen Diskussion seit Jahren gebrandmarkt. Die Ver-
treter von Städten und Gemeinden beklagen, daß die Einnahmen der Gemeinden nicht Schritt halten mit den wachsenden
Aufgaben, daß sogar die Finanzkraft der Gemeinden rückläu-
fig ist - verglichen mit der Position von Bund und Ländern[1].
Die Kommunen fordern aus diesem Grunde eine Verbesserung
der Einnahmestruktur, die der Lastenverteilung gerecht wird.
Einerseits soll die Finanzausstattung gleichmäßiger gestaltet werden, zum anderen soll die Finanzkraft der Gemeinden
vom allgemeinen und kommunalen Wachstum getragen werden.
Hand in Hand mit dieser Diskussion gehen Reformmaßnahmen wie
die Finanzreform 1970, die die finanzielle Position der Kommunen verändert haben[2].

1.2. Die Forderungen der Experten

Die Bundesregierung hatte zunächst eine Kommission berufen,
welche die kommunale Finanzausstattung untersuchen sollte.
In dem Gutachten der Kommission für die Finanzreform[3], das
1966 der Bundesregierung erstattet wurde, wird eine Stär-
kung der Gemeindefinanzen befürwortet. Diese Arbeit wurde
von der Kommission für die Steuerreform fortgesetzt, die
1971 ihr Gutachten[4] vorlegte. Im einzelnen wird empfohlen:

---

1) Vgl. Wirtschaftswoche, Jg. 29, Nr. 16, 11.4.1975, S. 22 ff.
2) Einundzwanzigstes Gesetz zur Änderung des Grundgesetzes
   (Finanzreformgesetz) vom 12.5.1969, BGBl 1969 I, S. 359 ff.
3) Gutachten über die Finanzreform in der Bundesrepublik
   Deutschland, Hg. Kommission für die Finanzreform, Stuttgart:
   Kohlhammer 1966
4) Gutachten der Steuerreformkommission 1971, Schriftenreihe
   des Bundesministeriums der Finanzen, H. 17, Bonn 1971

Die Gewerbesteuer ist auf ein Drittel zu senken und soll
nurmehr auf das Kapital und die Lohnsumme erhoben werden,
um die Unterschiede in der Finanzausstattung der Kommunen
abzubauen, die Wettbewerbsnachteile für den Mittelstand zu
mindern und die Steuern im Raum der Europäischen Gemeinschaft zu harmonisieren. Um den damit einhergehenden Ein-
nahmeausfall zu kompensieren, sollen die Beteiligung der Gemeinden an der Einkommensteuer erhöht und eine kommunale Umsatzsteuer eingeführt werden. Während die Bagatellsteuern
abzuschaffen sind, sollen die Grundsteuer auf der Basis der
neuen Einheitswerte gestärkt und die Gebühren angehoben werden, um die Kosten zu decken.

1.3. Das Ziel dieser Studie

In dieser Studie wird die Ordnung der Städte im Wirtschaftsraum der Bundesrepublik Deutschland untersucht. Im Vordergrund steht dabei der Wandel, der sich im Zuge der Finanzreform 1970 abgespielt hat. Damit ist vorgegeben, daß sowohl
die Regionalwissenschaft als auch die Finanzwissenschaft in
die Diskussion eingehen. Vor dem Hintergrund der Städtehierar-
chie wird die Verflechtung der regionalen Staatstätigkeit beleuchtet.

Im folgenden zweiten Abschnitt wird die Entwicklung der kommunalen Finanzausstattung von 1960 bis 1974 erörtert. Das
Augenmerk wird darauf gerichtet, in welcher Weise die Reformmaßnahmen der letzten Jahre (vor allem das Gemeindefinanzreformgesetz[1] und das Finanzausgleichsgesetz[2]) die Einnahme-
situation der Gemeinden beeinflußt haben. Im dritten Abschnitt

---

1) Gesetz zur Neuordnung der Gemeindefinanzen(Gemeindefinanzreformgesetz) vom 8.9.1969, BGBl 1969 I, S. 1587 ff.

2) Gesetz über den Finanzausgleich zwischen Bund und Ländern
vom 28.8.1969, BGBl 1969 I, S. 1432 ff.

wird der Finanzausgleich zwischen Bund, Ländern und Gemeinden knapp umrissen, eine Modellrechnung 1980 zeigt die Tendenzen des Finanzausgleichs, die abschließend kritisch betrachtet werden. Daran schließen sich Überlegungen zur optimalen Finanzausstattung der Gemeinden an, die auf die Theorie der zentralen Orte und das Gesetz von Auerbach aufbauen.
Die im vierten Abschnitt entwickelten Normen werden dann an-
gewandt, um die interkommunalen Auswirkungen der Gemeindefinanzreform zu beurteilen. Die Versorgung der Teilräume in
der Bundesrepublik mit öffentlichen Gütern wird einer geographischen Analyse unterzogen, die erweist, daß die gemeindliche Staatstätigkeit gesetzmäßig zentralisiert ist. Der
sechste Abschnitt weist über die Staatstätigkeit hinaus und
ist der räumlichen Wirtschaftsordnung gewidmet. Aus der ökonomischen Struktur kristallisieren sich verschiedene Stadttypen, die identifiziert werden können. Zum Abschluß werden
die Resultate dieser Studie prägnant zusammengefaßt.

2. DIE ENTWICKLUNG DER KOMMUNALEN FINANZAUSSTATTUNG

Der zweite Abschnitt dient zunächst dazu, die kommunalen[1]
Einnahmequellen zu skizzieren (2.1.). Daran anknüpfend wird
die Entwicklung der kommunalen Steuereinnahmen in den Fünf-
ziger und Sechziger Jahren dargestellt und mit dem Wachstum
der Bundes- und Landessteuern sowie des Bruttosozialprodukts
konfrontiert, um die Position der Gemeinden im fiskalischen
Föderalismus zu markieren. In diesem Abschnitt wird die Aufkommenselastizität der Steuern bestimmt, die für die Finanzierung der Gemeindeaufgaben bedeutsam sind. Dieser zweite
Abschnitt schließt mit einem Realsteuervergleich für unterschiedliche Gemeindegrößenklassen 1968 und 1973, womit ein

---

1) Der Ausdruck Gemeinde (Kommune) steht grundsätzlich für
   die staatliche Aktivität in der Gebietskörperschaft.

erster Eindruck von der Konzentration der kommunalen Steuereinnahmen vermittelt wird.

2.1. Die Einnahmequellen der Gemeinden

Die Ausgaben der Kommunen werden vor allem aus Steuereinnahmen, Zuweisungen und Mitteln des Kreditmarkts bestritten.
Systematisch werden die Einnahmen unterteilt in Allgemeine
und Spezielle Deckungsmittel. Zu den Allgemeinen Deckungsmitteln rechnen:

> Steuereinnahmen
> Allgemeine Zuweisungen
> Gewinne aus kommunalen Unternehmen.

1975 sind die wichtigsten Steuern der Gemeinden, geordnet
nach der Höhe des Aufkommens:

> Gemeindeanteil an der Einkommensteuer
> Gewerbesteuer nach Ertrag und Kapital
> Grundsteuer A und B
> Lohnsummensteuer
> Zuschlag zur Grunderwerbsteuer
> Hundesteuer
> Gemeinde-Getränkesteuer
> Vergnügungssteuer.

Seit der Gemeindefinanzreform[1] von 1970 wird die kommunale
Finanzmasse korrigiert, indem die Gemeinden einen Teil ihrer
Gewerbesteuereinnahmen an den Bund und die Länder abführen
und zum Ausgleich an der Einkommensteuer beteiligt werden.
Die Gewerbesteuerumlage soll unabhängig von der Steueranspan-
nung, ausgedrückt durch den Hebesatz, sein.

---

1) Gesetz zur Neuordnung der Gemeindefinanzen (Gemeindefinanzreformgesetz) vom 8.9.1969, BGBl 1969 I, S. 1587 ff.

Deshalb gilt:

$$\text{Gewerbesteuerumlage} = \frac{\text{Gewerbesteuer (Ertrag, Kapital)} \cdot 120}{\text{Hebesatz}}$$

Da der durchschnittliche Hebesatz 307 % beträgt[1], werden rund
40 % der Einnahmen aus der Gewerbesteuer nach Ertrag und Kapital je zur Hälfte an den Bund und die Länder weitergeleitet,
aufgeschlüsselt nach den Vorschriften über die Verteilung der
Einkommensteuer.

In einem zweistufigen Verfahren erhalten die Gemeinden 14 %
der Einnahmen aus der Einkommensteuer[2]. Im ersten Schritt
wird die Einkommensteuer zerlegt, d.h. das örtliche Aufkommen wird dem Wohnsitz-Land zugewiesen; diese Zerlegung hat vor
allem für Hamburg und Bremen große Bedeutung, da die Einpendler in den Stadtstaaten arbeiten, dort Steuern zahlen, aber
in den angrenzenden Bundesländern wohnen und in der Wohngemeinde kommunale Leistungen in Anspruch nehmen. Im zweiten Schritt
wird dieser "Länderanteil" anhand von Schlüsselzahlen auf die
Kommunen verteilt; die Schlüsselzahlen errechnen sich aus den
Einkommensteuereinnahmen in der Proportionalzone und werden
alle drei Jahre neu bestimmt.

Die Grundsteuer ist novelliert worden[3] und wird seit dem
1.1.1974 auf der Basis der neuen Einheitswerte[4] (von 1964

---

1) 1973
2) Genauer: Lohnsteuer und veranlagte Einkommensteuer. Das
   Aufkommen aus der Körperschaftsteuer und der nichtveranlagten Einkommensteuer dagegen steht dem Bund und den
   Ländern je zur Hälfte zur Verfügung, die Gemeinden partizipieren nicht daran.
3) Gesetz zur Reform des Grundsteuerrechts vom 7.8.1973,
   BGBl 1973 I, S. 965 ff.
4) Bewertungsgesetz in der Fassung vom 26.9.1974, BGBl 1974 I,
   S. 2370 ff.

fortgeschrieben) erhoben. Zu den Allgemeinen Zuweisungen, die die Kommunen in einem zweistufigen Verfahren erhalten, rechnen die Schlüsselzuweisungen[1], die gemäß einer Kennziffer berechnet werden, und die Zuweisungen für Auftragsangelegenheiten.

Im Gegensatz zu den Allgemeinen Deckungsmitteln sind die Speziellen Deckungsmittel mit den Ausgaben verknüpft, die mit ihnen finanziert werden. Zu diesen Speziellen Deckungsmitteln gehören:

> Zweckzuweisungen
> Schuldenaufnahme
> Gebühreneinnahmen
> Einnahmen aus Finanzinvestitionen.

Zweckzuweisungen werden von Bund und Ländern für gesetzlich festgelegte Vorhaben auf Antrag gewährt. Die Schuldenaufnahme dient der Finanzierung der kommunalen Investitionen. Gebühren werden gemäß dem Äquivalenzprinzip für gewisse kommunale Leistungen (z.B. Müllabfuhr) erhoben und in gesonderten Gebührenhaushalten verrechnet. Die Kommunen erzielen aus Darlehen, die sie gewährt haben, sogenannte Einnahmen aus Finanzinvestitionen.

2.2. Die Entwicklung von 1960 bis 1974

2.2.1. Absolute und relative Werte

Bei einem Bruttosozialprodukt von 996 Milliarden DM betrugen 1974 die Ausgaben von Bund, Ländern und Gemeinden 315 Milliarden DM. Diese Ausgaben wurden weitgehend aus den Steuereinnahmen von Bund (119 Mrd.DM), Ländern (83 Mrd.DM) und Gemeinden (33 Mrd.DM) finanziert[2]. Da die Gemeinden mit dem Bund

---

1) Die Schlüsselzuweisungen werden gesondert behandelt in Abschnitt drei, der dem Finanzausgleich zwischen Bund, Ländern und Gemeinden gewidmet ist.

2) Vgl. Tabelle A 1

T a b e l l·e 1

Die Entwicklung der Steuereinnahmen von Bund, Ländern und
Gemeinden 1960 bis 1974 in der Bundesrepublik Deutschland
(in Prozent der gesamten Steuereinnahmen und des Bruttosozialprodukts BSP)

JAHR	Bund		Ländern		Gemeinden[2]	
	Steuern	BSP	Steuern	BSP	Steuern	BSP
1960	53,1	12,1	29,8	6,8	14,0	3,2
1961	52,9	12,5	31,2	7,4	13,4	3,2
1962	52,4	12,6	32,1	7,7	13,0	3,1
1963	53,7	12,7	31,3	7,4	13,0	3,1
1964	54,2	12,8	31,2	7,4	12,7	3,0
1965	55,6	12,7	30,9	7,0	12,5	2,9
1966	55,4	12,6	31,2	7,1	12,5	2,9
1967	54,6	12,7	31,5	7,3	12,3	2,8
1968	54,1	12,2	32,3	7,3	12,1	2,7
1969	53,9	12,9	32,1	7,7	12,9	3,1
1970	54,3	12,2	32,8	7,4	11,8	2,7
1971	54,0	12,2	32,8	7,4	12,2	2,8
1972	51,6	12,2	34,0	8,0	12,8	3,0
1973	51,2	12,4	34,0	8,2	13,3	3,2
1974	50,7	12,0	35,4	8,4	13,8	3,3

Spanning header: Steuereinnahmen[1] von

Quellen: Eigene Berechnungen; Tabelle A 1

1) Nach Aufteilung der Einnahmen aus dem Steuerverbund
   (ab 1970)
2) Ab 1970 einschließlich Gemeindeanteil an der ESt, abzüglich Gewerbesteuerumlage

und den Ländern um die Steuereinnahmen konkurrieren, soll
die Entwicklung der Anteilswerte untersucht werden. Als Ver-
gleichsbasis bieten sich die Steuereinnahmen und das Bruttosozialprodukt an; wird auf die Steuereinnahmen Bezug genommen, so schlagen sich Änderungen der gesamtwirtschaftlichen
Steuerquote nicht nieder, während das Bruttosozialprodukt als
Maßstab für die Leistungsfähigkeit der Wirtschaft dient. Aus
Tabelle 1 ist ersichtlich, daß der Anteil des Bundes an den
Steuereinnahmen 1965 mit 56 % seinen Höhepunkt erreichte und
seither wieder gefallen ist. Die Steuereinnahmen der Länder
sind in dem betrachteten Zeitraum von 30 % (1960) auf 35 %
(1974) gestiegen. Zwangsläufig ist schließlich der Gemeindeanteil an den Steuereinnahmen von 14 % (1960) auf 12 % (1970)
gefallen, infolge der Gemeindefinanzreform allerdings wieder
im Wachsen begriffen[1].
Der Anteil der Kommunen am Bruttosozialprodukt 1974 entspricht
dem von 1960 (3,2 %).

Wie setzen sich nun die kommunalen Einnahmen zahlenmäßig zusammen? Zunächst sollen die wichtigsten Gemeindesteuern betrachtet werden, die den Grund legen für die kommunale Finanz-
position und entscheidend durch Zuweisungen und Schuldenaufnahme ergänzt werden. Welche Bedeutung haben die Gewerbesteuer
und die Grundsteuer B für die Finanzausstattung der Gemeinden?
Tabelle 2 demonstriert, daß der Anteil der Gewerbesteuer auf
Ertrag und Kapital deutlich von 71 % auf 58 % der kommunalen
Steuereinnahmen gefallen ist. Die Bedeutung der Lohnsummensteuer, die nicht in allen Gemeinden erhoben wird, ist von
sieben auf neun Prozent leicht gewachsen. Hier soll nur die
Grundsteuer B betrachtet werden, die auf den Haus- und Grundbesitz erhoben wird; der Einfluß der Grundsteuer A, die beim

---

1) 1969 schnellten die kommunalen Steuereinnahmen um 27 Prozent in die Höhe, vor allem, weil die Gemeinden zu örtlich
   wirksamen Steuervorauszahlungen aufgerufen hatten, so daß
   1970 zunächst trotz der Gemeindefinanzreform die Kommunal-
   quote sank.

Tabelle 2

Die Entwicklung des Anteils der Gewerbesteuer und der
Grundsteuer an den kommunalen Steuereinnahmen (GemSt)
und dem Bruttosozialprodukt (BSP) in der Bundesrepublik
Deutschland von 1960 bis 1974 (in %)

JAHR	Gewerbesteuer				Grundsteuer B	
	Ertrag und Kapital		Lohnsumme			
	GemSt	BSP	GemSt	BSP	GemSt	BSP
1960	70,6	2,25	6,8	0,22	13,0	0,41
1961	70,8	2,23	6,8	0,22	12,6	0,40
1962	71,3	2,22	7,0	0,22	12,7	0,39
1963	71,7	2,20	6,9	0,21	12,7	0,39
1964	72,2	2,16	6,7	0,20	12,5	0,38
1965	71,4	2,03	7,1	0,20	12,8	0,37
1966	72,1	2,05	7,2	0,20	12,9	0,37
1967	71,0	2,02	7,0	0,20	13,7	0,39
1968	71,2	1,95	7,1	0,19	13,7	0,38
1969	75,6	2,35	6,2	0,19	11,4	0,35
1970	59,0	1,56	7,6	0,20	12,3	0,33
1971	58,3	1,62	8,6	0,24	11,3	0,31
1972	58,7	1,79	8,6	0,26	10,3	0,31
1973	59,5	1,92	8,5	0,27	9,4	0,30
1974	57,8	1,88	8,6	0,28	9,6	0,31

Quellen: Eigene Berechnungen; Tabelle A 2

land- und forstwirtschaftlichen Vermögen ansetzt, geht mit dem
des primären Sektors zurück;allerdings besitzt die Grundsteuer A eine ausgleichende Wirkung in den landwirtschaft-
lich strukturierten kleinen Gemeinden. Die Grundsteuer B
fällt von 13 % (1960) auf 9 % (1973), weil die zugrundeliegenden Einheitswerte bzw. Steuersätze nicht mit dem Wachstum des kommunalen Haushalts mithalten. Die Grundsteuerre-
form[1], die neue Einheitswerte (1964) und erhöhte Steuersätze
mit sich bringt, schlägt sich erstmalig in den Zahlen für
1974 nieder und deutet eine Tendenzwende an.

Tabelle 3 belegt, wie die Gemeindeeinnahmen durch die Finanzreform 1970 verbessert werden. Der Gemeindeanteil an der Einkommensteuer wächst von 7 Mrd. DM (1970) auf 14 Mrd. DM (1974),
während die Gewerbesteuerumlage von 4 Mrd. DM (1970) auf
7 Mrd. DM (1974) steigt. Somit wird durch die Gemeindefinanzreform eine Verbesserung bis zu 6 Mrd. DM (1974) erreicht. Eine
zweite Wirkung ist, daß die kommunalen Steuerkraftunterschie-
de ausgeglichen werden, weil die stark streuende Gewerbesteuer,
die vom Industriebesatz abhängt, durch die korrigierte Einkommensteuer (s.o.) ersetzt wird; dieser Effekt wird im Abschnitt fünf detailliert untersucht.

---

1) Gesetz zur Reform des Grundsteuerrechts vom 7.8.1973,
   BGBl 1973 I, S. 965 ff.

T a b e l l e   3

Die Entwicklung des Gemeindeanteils an der Einkommensteuer
und der Gewerbesteuer von 1970 bis 1974 in der Bundesrepublik Deutschland (in Milliarden DM)

JAHR	Gemeindeanteil an der Einkommen- steuer	Gewerbesteuer- umlage	Differenz
1970	6,89	4,33	2,56
1971	8,43	5,18	3,25
1972	10,09	5,85	4,24
1973	12,25	7,01	5,24
1974	13,66	7,35	6,31

Quelle: Monatsberichte der Deutschen Bundesbank, 27. Jg.,
        Nr. 6, 1975, S. 54[x]ff.

2.2.2. Die Aufkommenselastizitäten

Bisher ist die Entwicklung der Steuereinnahmen isoliert
betrachtet worden, und daran anschließend stellt sich die
Frage, ob die Einnahmen schneller oder langsamer wachsen
als das BSP, ob das Aufkommen der einzelnen Steuern systematisch mit dem Bruttosozialprodukt variiert. Die Analyse
erstreckt sich nicht nur auf die Gemeindesteuern, sondern
auch auf die Gemeinschaftssteuern, an deren Aufkommen die
Gemeinden partizipieren. Das sind die Lohnsteuer, die veranlagte Einkommensteuer und die Umsatzsteuer[1].

Als eindimensionales Kriterium für die relative Entwicklung
soll die Aufkommenselastizität e der Steuern T in bezug auf
das Bruttosozialprodukt Y gewählt werden:

$$e = \frac{dT}{dY} \frac{Y}{T} \tag{1}$$

Die Elastizität e gibt an, um wieviel Prozent (marginal) die
Steuereinnahmen steigen, wenn das Bruttosozialprodukt um ein
Prozent wächst. Für eine kanonische Analyse ist es erforderlich, die Zeitreihen um Tarifänderungen zu korrigieren. Es
liegen zwar differenzierte Elastizitätsschätzungen vor[2],
doch diese sind veraltet und hier weniger geeignet. Denn im
Vordergrund steht in diesem Abschnitt, wie sich die spezifischen Einnahmen im Verhältnis zum Bruttosozialprodukt entwik-
keln und nicht, ob Änderungen in der jeweiligen Bemessungsgrundlage oder im Tarif vorliegen. Als zu erklärende Größen
sollen deshalb einfache Zeitreihen zugrunde gelegt werden.

---

1) Über den Landeshaushalt profitieren die Gemeinden indirekt
   auch von der Körperschaftsteuer und der nichtveranlagten
   Einkommensteuer.
2) G. Hagemann, Aufkommenselastizitäten ausgewählter Steuern
   in der Bundesrepublik Deutschland 1950-1963, Tübingen:
   Kieler Studien 1968

Die Nullhypothese sei, daß die einzelnen Aufkommenselastizitäten konstant sind, d.h. die Einnahmefunktion hat die
Gestalt

$$T = aY^e \qquad (2)$$

Abgeleitet und umgeformt ergibt sich:

$$\frac{dT}{dY} = a\ e\ Y^{e-1} \qquad (3)$$

$$\frac{dT}{dY} = \frac{aY^e}{Y}\ e \qquad (4)$$

$$\frac{dT}{dY} = \frac{T}{Y}\ e \qquad (5)$$

Zuletzt kann nach der Elastizität aufgelöst werden:

$$e = \frac{dT}{dY}\ \frac{Y}{T} \qquad (6)$$

Die Elastizität kann mit Standardverfahren der Regressions-
analyse ermittelt werden, wenn die Variablen zuvor logarith-
miert werden:

$$\log T = \log a + e\ \log Y \qquad (7)$$

Bedingt durch die Erhebungsverfahren - Steuervorauszahlung
oder Steuernachzahlung - kann erwartet werden, daß Time-Lags
auftreten. Deshalb mußten folgende Varianten geprüft werden[1]:

Keine Verzögerung:

$$\log T_t = \log a + e\ \log Y_t \qquad (8)$$

Verschiebung um eine Periode:

$$\log T_t = \log a + e\ \log Y_{t-1} \qquad (9)$$

---

1) Die Periode wird durch den Index t gekennzeichnet.

Verzögerung um zwei Perioden:

$$\log T_t = \log a + e \log Y_{t-2} \qquad (10)$$

Time-Lag von drei Perioden:

$$\log T_t = \log a + e \log Y_{t-3} \qquad (11)$$

Nacheilung um vier Perioden:

$$\log T_t = \log a + e \log Y_{t-4} \qquad (12)$$

Falls das Steueraufkommen einen klaren Trend besitzt, so gelte der Ansatz:

$$\log T_t = \log a + e \log t \qquad (13)$$

Alternativ dazu wird geprüft, ob die Einnahmen linear vom Bruttosozialprodukt abhängen wie für die Umsatzsteuer zu vermuten, ein Fall, in dem die Aufkommenselastizität nicht konstant ist. Die zu prüfende Gleichung lautet darum:

$$T = a + b \, Y \qquad (14)$$

Auch in diesem Fall können Zeitverschiebungen und Trends (linear, nicht exponentiell) erfaßt werden.

Die Ergebnisse dieser Untersuchung sind in den Tabellen 4, 5 und 6 festgehalten. In Tabelle 4 kann der Fit für die Hypothese abgelesen werden, die Aufkommenselastizitäten seien konstant. Für die Umsatzsteuer z.B. zeigt sich: Die Annahme einer konstanten Elastizität erklärt 96 % der Streuung, falls keine zeitliche Verzögerung vorausgesetzt wird. Die Annahme einer konstanten Elastizität in Verbindung mit einer Nacheilung der Steuereinnahmen von einem Jahr führt zu einem Erklärungsgrad von 93 %. Der exponentielle Trend, in den die Entwicklung des

T a b e l l e   4

Erklärungsgrad r^2 der Hypothese: Die Aufkommenselastizität
der Steuern in bezug auf das Bruttosozialprodukt ist konstant (Bundesrepublik Deutschland 1960 - 1973)

Steuerart	Bruttosozialprodukt					Zeit
t	t	t-1	t-2	t-3	t-4	t
Lohnsummensteuer	0,95	0,93	0,90	0,87	0,84	0,70
Gewerbesteuer[1]	0,93	0,94	0,94	0,91	0,88	0,78
Grundsteuer B	0,99	0,99	0,99	0,99	0,98	0,88
Umsatzsteuer[2]	0,96	0,93	0,89	0,88	0,88	0,74
Körperschaft-steuer	0,38	0,36	0,37	0,40	0,40	0,37
Einkommensteuer[3]	0,90	0,93	0,94	0,92	0,87	0,86
Lohnsteuer	0,99	0,99	0,97	0,95	0,94	0,84
Gemeindesteuern	0,97	0,95	0,93	0,91	0,89	0,75
Ländersteuern	0,99	0,98	0,96	0,95	0,94	0,83
Bundessteuern	0,99	0,99	0,98	0,97	0,97	0,87
Steuern insges.	0,99	0,99	0,97	0,96	0,95	0,84

Quellen: Eigene Berechnungen; Tabellen A 1, A 2, A 3

---

1) Gewerbesteuer nach Ertrag und Kapital
2) oder Mehrwertsteuer, mit Einfuhrumsatzsteuer
3) veranlagte Einkommensteuer

T a b e l l e 5

Erklärungsgrad r^2 der Hypothese: Das Steueraufkommen ist
eine lineare Funktion des Bruttosozialprodukts (Bundesrepublik Deutschland 1960 - 1973)

Steuerart	Bruttosozialprodukt					Zeit
t	t	t-1	t-2	t-3	t-4	t
LohnsummenSt	0,94	0,93	0,91	0,87	0,82	0,80
GewerbeSt [1]	0,92	0,93	0,93	0,91	0,85	0,82
GrundSt B	0,98	0,99	0,99	0,99	0,99	0,98
UmsatzSt [2]	0,97	0,94	0,91	0,89	0,89	0,87
KörperschaftSt	0,36	0,34	0,36	0,42	0,42	0,37
EinkommenSt [3]	0,89	0,92	0,93	0,91	0,86	0,84
LohnSt	0,98	0,96	0,94	0,91	0,88	0,86
GemeindeSt	0,96	0,95	0,94	0,92	0,88	0,85
LänderSt	0,99	0,98	0,97	0,95	0,92	0,90
BundesSt	0,99	0,99	0,98	0,97	0,96	0,95
Steuern insges.	0,99	0,99	0,97	0,96	0,94	0,92

Quellen: Eigenen Berechnungen
         Tabellen A 1, A 2, A 3

----

1) Gewerbesteuer nach Ertrag und Kapital
2) oder Mehrwertsteuer, mit Einfuhrumsatzsteuer
3) veranlagte Einkommensteuer

Bruttosozialprodukts eingeht, erklärt 74 % der Varianz.
Entsprechend wird eine Analyse für die Linearhypothese durchgeführt[1], die sich als signifikant erweist für das Wachstum
der Umsatzsteuer, und die jeweils besten Schätzgleichungen
sind in Tabelle 6 verzeichnet[2]. Für folgende Steuern liegt
das Bestimmtheitsmaß für gleichbleibende Aufkommenselastizität
über r^2 = 0,9: Umsatzsteuer, veranlagte Einkommensteuer, Lohnsteuer, Lohnsummensteuer, Gewerbesteuer, Grundsteuer, Gemeindesteuern, Ländersteuern, Bundessteuern, Steuern. Davon entwik-
keln sich zeitlich verzögert die Einkommensteuer, die Gewerbesteuer und die Grundsteuer, während die Umsatzsteuer, die Lohnsteuer, die Lohnsummensteuer, die Gemeindesteuern, die Ländersteuern, die Bundessteuern und die Steuern insgesamt im Gleich-
takt mit dem Bruttosozialprodukt wachsen. Die höchste Aufkommenselastizität besitzt die Lohnsteuer, wächst das Bruttosozialprodukt um 1 %, dann erhöht sich die Lohnsteuer um 1,72 %.
Schneller als das BSP wachsen außerdem die Umsatzsteuer (bedingt durch die Einführung der Mehrwertsteuer und ihre Erhöhung),
die Lohnsummensteuer und die Ländersteuern. Rund eins beträgt
die Elastizität der Bundessteuern und der Steuern insgesamt
(ihr Anteil am BSP hat sich nicht verändert), während die Steuereinnahmen der Gemeinden unterproportional gestiegen sind. Die
Aufkommenselastizität der Gemeindesteuern von 0,95 spiegelt den
sinkenden Anteil der Kommunen am Bruttosozialprodukt und beruht
auf der niedrigen Elastizität der Gewerbesteuern auf Ertrag und
Kapital (e=0,72) sowie der Grundsteuer B (e=0,72), die bis zur
Gemeindefinanzreform die tragenden Säulen des Gemeindehaushalts
bildeten. Die Finanzschwäche der Gemeinden wurde 1970 dadurch
gemildert, daß die Kommunen im Austausch für die unelastische Gewerbesteuerumlage den hochelastischen Gemeindeanteil an der Einkommensteuer erhielten.

---

1) Vgl. Tabelle 5

2) Die Elastizitäts- und die Linearhypothese lassen sich
   statistisch nicht diskriminieren. Aus theoretischen und
   empirischen Gründen wird die Annahme konstanter Elastizitäten vorgezogen.

T a b e l l e   6

Vergleich der besten linearen und logarithmischen Schätzgleichungen und Aufkommenselastizität e (Bundesrepublik
Deutschland 1960 - 1973, ohne Trendanalyse)

Steuerart	linear		logarithmisch		
	Gleichung	r^2	Gleichung	r^2	e
LohnsummenSt	t	0,94	t	0,95	1,17
GewerbeSt [1]	t-2	0,93	t-1	0,94	0,72
GrundSt B	t-3	0,99	t-2	0,99	0,72
UmsatzSt [2]	t	0,97	t	0,96	1,16
KörperschaftSt	t-3	0,42	t-3	0,40	0,26
EinkommenSt [3]	t-2	0,93	t-2	o,94	0,76
LohnSt	t	0,98	t	0,99	1,72
GemeindeSt	t	0,96	t	0,97	0,95
LänderSt	t	0,99	t	0,99	1,10
BundesSt	t	0,99	t	0,99	0,99
Steuern insges.	t	0,99	t	0,99	1,01

Quellen: Eigene Berechnungen
         Tabellen 4, 5, A 1, A 2, A 3 ,

----

1) Gewerbesteuer nach Ertrag und Kapital
2) oder Mehrwertsteuer, mit Einfuhrumsatzsteuer
3) veranlagte Einkommensteuer

2.3. Strukturvergleich 1968/1973

Auf der einen Seite müssen Maßstäbe bereitgestellt werden,
die erlauben, das Niveau der kommunalen Finanzausstattung
bedarfsgerecht zu gestalten. Aber auch wenn dies gewährleistet ist, kann die Struktur inharmonisch sein, indem es
"zu reiche" und "zu arme" Gemeinden gibt. Auf der anderen
Seite stellt sich also die Frage, ob die Gemeindeeinnahmen
gleichmäßig oder ungleichmäßig im Raum anfallen. Als Kriterium hierfür dient in einem doppelten Sinn der Gemeindeeinwohner. Einmal ist die Faustregel trivial, daß die Finanzausstattung an der Einwohnerzahl zu orientieren ist, daß die ent-
scheidende Bezugsgröße also die Einnahmen je Einwohner sind.[1]
Zum anderen sollte im Geist der Christallerschen Theorie[1] die
Pro-Kopf-Ausstattung mit der Einwohnerzahl wachsen, weil die
großen Gemeinden (gemessen als Bevölkerungsagglomeration) zentrale Funktionen für die kleineren Randgemeinden wahrnehmen,
die einen überproportionalen Finanzbedarf der Großstädte nach
sich ziehen. Dieses Problem wird in Abschnitt 5 näher beleuchtet, soll hier aber schon im Überblick dargestellt werden.
Sind die Einnahmen je Einwohner gleichmäßig verteilt oder gibt
es "reiche Großstädte" und "arme Landgemeinden"? Um diese Frage zu beantworten, sollen die Steuereinnahmen je Einwohner 1968
und 1973 betrachtet werden, die in den Tabellen 7 und 8 für
11 Größenklassen angegeben sind. Die 11 Größenklassen dienen
der übersichtlichen Zusammenfassung von rund 23.000 (1968) bzw.
14.000 (1973) Gemeinden. Allerdings geht durch die Klassen-
einteilung Information verloren, weil nur die Streuung zwischen
den Klassen erfaßt werden kann. Die Realsteuervergleiche von
1968 und 1973 gestatten zu prüfen, ob die Varianz der Einnahmen sich im Zuge der Gemeindefinanzreform gewandelt hat.
Tabelle 7 demonstriert für 1968: Die Grundsteuer B in Gemein-

---

1) Vgl. W. Christaller, Die zentralen Orte in Süddeutschland,
   Wissenschaftliche Buchgesellschaft : Darmstadt 1968

T a b e l l e 7

Steuereinnahmen der Gemeinden je Einwohner in der
Bundesrepublik Deutschland 1968 nach Größenklassen
(DM je Einwohner)

Einwohner (Tsd)	Steuerein. insgesamt	GrundSt B	GewSt	LohnsuSt
500 -	371	55	275	42
200 - 500	312	49	230	33
100 - 200	306	46	222	37
50 - 100	300	42	232	25
20 - 50	271	37	211	21
10 - 20	216	30	175	8
5 - 10	191	27	155	4
3 - 5	163	23	130	2
2 - 3	138	20	106	1
1 - 2	112	17	78	0
- 1	89	12	46	0

Quelle: Realsteuervergleich 1968
   Hg. Statistisches Bundesamt, Fachserie L:
   Finanzen und Steuern, Reihe 9: Realsteuern,I.
   Realsteuervergleich, Stuttgart: Kohlhammer
   1969, S. 20f.

T a b e l l e   8

Steuereinnahmen der Gemeinden je Einwohner in der Bundesrepublik Deutschland 1973 nach Größenklassen
(DM je Einwohner)

Einwohner (Tsd)	Steuer- einn. insgesamt	GrundSt B	GewSt	Lohnsu St	Gemeinde- anteil ESt
500 -	729	75	448	105	264
200 - 500	609	64	326	96	250
100 - 200	597	59	361	70	246
50 - 100	547	52	353	50	229
20 - 50	449	42	293	27	204
10 - 20	381	35	251	11	181
5 - 10	339	31	224	4	162
3 - 5	304	28	193	2	149
2 - 3	277	26	168	1	133
1 - 2	237	22	132	1	118
- 1	197	17	90	1	96

Quelle: Realsteuervergleich 1973, Statistisches Bundes-
amt, Fachserie L: Finanzen und Steuern, Reihe 9:
Realsteuern, I. Realsteuervergleich, Stuttgart:
Kohlhammer 1974, S. 22 f.

den mit mehr als 500.000 Einwohnern ist mit 55,-- DM je
Kopf fast fünfmal so hoch wie in Gemeinden, deren Bevölkerung kleiner als 1.000 ist. Diese Tendenz, die auf die
hohen Grundstückspreise in den Großstädten zurückzuführen
ist, wird durch die Grundsteuer A leicht abgeschwächt[1],
deren Objekt das land- und forstwirtschaftliche Vermögen
ist. Die Gewerbesteuer streut noch stärker, von 46,-- DM
in der unteren bis zu 275,-- DM in der oberen Bevölkerungs-
klasse. Das ungleichmäßige Aufkommen der Lohnsummensteuer
beruht nicht zuletzt darauf, daß nur ein Teil der Gemeinden
diese Steuer erhebt. Werden auch die hier nicht genannten
Steuern einbezogen (Grundsteuer A, Zuschlag zur Grunderwerb-
steuer, Hundesteuer, Vergnügungssteuer, Gemeinde-Getränke-
steuer), dann variiert die kommunale Steuerausstattung von
89,-- DM bis 371,-- DM. Die Steuereinnahmen je Einwohner sind
zwar von 1968 bis 1973 deutlich gestiegen, doch ihre Streuung hat sich nicht verändert, Indiz ist, daß die Pro-Kopf-
Ausstattung zwischen 197,-- DM und 729,-- DM liegt[2]. Die bis-
herigen Beobachtungen über die Ungleichverteilung der Einnahmen müssen allerdings systematisch vertieft werden.

Als statistisches Streuungsmaß empfiehlt sich die Standardabweichung s der n Einzelwerte x_i

$$s = \sqrt{\frac{1}{n} \sum_{i=1}^{n} (x_i - \bar{x})^2} \qquad (15)$$

wobei $\bar{x}$ das arithmetische Mittel bezeichnet

$$\bar{x} = \frac{1}{n} \sum_{i=1}^{n} x_i \qquad (16)$$

---

1) Die Grundsteuer A wird in dieser Studie wegen ihrer vergleichsweise geringen Bedeutung nicht berücksichtigt. Sie
   ist allerdings im Total Steuereinnahmen enthalten.
2) Siehe Tabelle 8

T a b e l l e 9

Variationskoeffizient für die Steuereinnahmen der Gemeinden je Einwohner in der Bundesrepublik Deutschland
1968 und 1973

Steuerart	Jahr	
	1968	1973
Steuereinnahmen	0,42	0,41
Grundsteuer B	0,44	0,46
Gewerbesteuer	0,43	0,42
Lohnsummensteuer	1,0	1,2
Gemeindeanteil an der ESt	-	0,31

Quellen: Eigene Berechnungen
         Tabellen 7,8

Um die Standardabweichungen der einzelnen Variablen ver-
gleichbar zu machen, werden sie auf das arithmetische Mittel normiert, und wir erhalten den Variationskoeffizienten v, der angibt, um wieviel Prozent die Variable x_i im
Durchschnitt um den Mittelwert schwankt :

$$v = \frac{s}{\bar{x}} \qquad (17)$$

Der so definierte Variationskoeffizient ist für verschiedene
Steuerarten und die Jahre 1968 und 1973 in Tabelle 9 aufgeführt. Die Einnahmen aus der Grundsteuer B z.B. schwanken
durchschnittlich 44 % um den Mittelwert des Aufkommens pro
Kopf (1968). Ist der Variationskoeffizient der Gewerbesteuer
geringfügig niedriger, so streut die Lohnsummensteuer um so
stärker; ihre relative Varianz wächst sogar von 1968 bis 1973.
Im Zuge der Gemeindefinanzreform wird die Gewerbesteuer ersetzt, so daß der Variationskoeffizient der Steuereinnahmen
von 1968 bis 1973 leicht fällt, die Verteilung des Aufkommens
wird also gleichmäßiger.

An diesem Punkt taucht die Frage auf, ob diese Variation sich
gesetzmäßig vollzieht, eine Frage, die in Abschnitt fünf weiter verfolgt werden soll.

3. DER FINANZAUSGLEICH IN DER BUNDESREPUBLIK DEUTSCHLAND

3.1. Überblick über die Beiträge und Zuweisungen

3.1.1. Der Finanzausgleich als Korrektur

Die Einheitlichkeit der Lebensverhältnisse im Bundesgebiet,
die in Artikel 72 Absatz 2 des Grundgesetzes der Bundesrepublik Deutschland gefordert wird, impliziert, daß die Versorgung mit öffentlichen Gütern in den Teilräumen gleichwertig ist. Deshalb ist in Artikel 107 Absatz 2 des Grundgesetzes
kodifiziert, daß die Steuerkraft der Länder und Gemeinden
auszugleichen ist, um den Finanzbedarf angemessen zu berücksichtigen[1]. Während die ursprüngliche Finanzkraft durch die
verfügbaren Steuereinnahmen bedingt wird, konstituiert die
Einwohnerzahl den Finanzbedarf.

Mit der Schaffung von Gemeinschaftssteuern ist das bundes-
republikanische Trennsystem in einen Verbund umgewandelt worden. Zu den Gemeinschaftssteuern gehören die Lohnsteuer, die
Körperschaftsteuer , die Einkommensteuer und die Umsatzsteuer.
Zur Verfügung des Bundes stehen vor allem die Zölle, Mineral-
ölsteuer und Tabaksteuer sowie der Bundesanteil an den Gemeinschaftssteuern. Die Finanzkraft der Länder wird insbesondere
bestimmt von der Vermögensteuer, Erbschaftsteuer, Kraftfahrzeugsteuer und Biersteuer, ergänzt durch den Länderanteil an
den Gemeinschaftssteuern. Zu den verfügbaren Steuereinnahmen
der Gemeinden zählen in der Hauptsache die Realsteuern (Gewerbesteuer auf Ertrag und Kapital, Lohnsummensteuer, Grundsteuer
A und B) und die örtlichen Verbrauchsteuern[1].

---

1) Einundzwanzigstes Gesetz zur Änderung des Grundgesetzes
   (Finanzreformgesetz) vom 12.5.1969, BGBl 1969 I,S. 359 ff.

Die so fundierte ursprüngliche Steuerkraft wird seit 1970
im Sinne des Finanzausgleichs und der Gemeindefinanzreform
mit dem Finanzbedarf abgestimmt. Die Gemeinden führen rund
40 % der Gewerbesteuer nach Ertrag und Kapital an den Bund
und die Länder ab und empfangen zum Ausgleich 14 % der Einkommensteuer aus der Verbundmasse[1].

In diesem Zusammenhang sind kassenmäßige und verfügbare
Steuereinnahmen unbedingt zu unterscheiden. So wird die Einkommensteuer zwar an die Landesfinanzbehörden gezahlt und
dort als kassenmäßige Einnahme verbucht, doch darüber ver-
fügen dürfen nicht allein die Länder. Die Lohnsteuer und die
veranlagte Einkommensteuer zählen zu den verfügbaren Steuereinnahmen des Bundes (43 %), der Länder (43 %) und der Gemeinden (14 %).

3.1.2. Finanzausgleich zwischen Bund und Ländern

Der Finanzausgleich spielt sich in drei Stufen ab: Finanzausgleich zwischen Bund und Ländern, Finanzausgleich unter den
Ländern sowie Finanzausgleich zwischen den Ländern und ihren
Gemeinden. Zunächst skizziere ich die erste Stufe des Finanzausgleichs. Dabei wird aus der Masse der Gemeinschaftssteuern
die Umsatzsteuer zwischen dem Bund und den Ländern aufgeteilt[2].
In Tabelle 10 sind die Anteile von Bund und Ländern registriert,
wie sie vom Gesetzgeber festgelegt worden sind.

---

1) Vgl. Abschnitt 2.1., Gesetz zur Neuordnung der Gemeindefinanzen (Gemeindefinanzreformgesetz) vom 8.9.1969,
   BGBl 1969 I, S. 1587 ff.
2) Gesetz über den Finanzausgleich zwischen Bund und Ländern
   vom 28.8.1969, BGBl 1969 I, S. 1432 ff., geändert:
   BGBl 1971 I, S. 187, BGBl 1972 I, S. 2049, BGBl 1974 I,
   S. 1045

T a b e l l e   10

Anteil des Bundes und der Länder an der Umsatzsteuer in
der Bundesrepublik Deutschland (in Prozent)

JAHR	BUND	LÄNDER
1970	70	30
1971	70	30
1972	65	35
1973	65	35
1974	63	37
1975	62	38
1976	62	38

Quellen: Gesetz über den Finanzausgleich zwischen Bund und
         Ländern vom 28.8.1969, BGBl 1969 I, S. 1432 ff.
         geändert BGBl 1971 I, S. 187
                        1972 I, S. 2049
                        1974 I, S. 1045

75 Prozent des Länderanteils an der Umsatzsteuer werden gemäß der Einwohnerzahl zugewiesen, die verbleibenden 25 Prozent werden so verteilt, daß die verfügbaren Einnahmen aus
der Einkommensteuer, der Körperschaftsteuer, der Gewerbesteuerumlage und den Landessteuern ausgeglichen werden.

3.1.3. Finanzausgleich unter den Ländern

Auf der zweiten Stufe des Finanzausgleichs werden Ausgleichsbeiträge der finanzstarken Länder den finanzschwachen Ländern bedarfsgerecht zugewiesen. Indikator für den Finanzbedarf eines Landes ist die gewertete Einwohnerzahl dieses Landes, multipliziert mit einem Grundbetrag, der für alle Länder einheitlich ist. Die Einwohner werden mit der Größe der
Stadt gewichtet, in der sie wohnen, um den zentralen Funktionen Rechnung zu tragen. Ein Einwohner wird mindestens mit
100 % gewertet, hat eine Stadt mehr als eine Million Einwohner, dann hat ihre Bevölkerung ein Gewicht von maximal 135 %.
Außerdem wird die Einwohnerdichte als Gewicht herangezogen.
Der Grundbetrag entspricht den Steuereinnahmen der Länder und
Gemeinden, die auf einen Einwohner entfallen. Das Produkt aus
gewerteter Einwohnerzahl und Grundbetrag ist schließlich die
Ausgleichsmeßzahl, die den Finanzbedarf widerspiegelt.

Die Finanzkraft eines Landes wird mit Hilfe der Steuerkraftmeßzahl ausgedrückt, die sich aus den normierten Steuereinnahmen des Landes und seiner Gemeinden ergibt.

Ausgleichspflichtig sind die Länder, deren Finanzkraft (Steuerkraftmeßzahl SM) ihren Finanzbedarf (Ausgleichsmeßzahl AM)
übersteigt. Liegt die Steuerkraftmeßzahl zwischen 102 % und
110 % der Ausgleichsmeßzahl, dann belaufen sich die Ausgleichsbeiträge (AB) auf:

$$AB = 0,7 \ (SM - 1,02 \ AM) \tag{18}$$

Überschreitet die Steuerkraftmeßzahl die Ausgleichsmeßzahl um
mehr als 10 Prozent, dann ist folgender Ausgleichsbeitrag zu
zahlen:

$$AB = SM - 1,044 \ AM \tag{19}$$

Ein Bundesland, dessen Finanzkraft geringer ist als sein
Finanzbedarf, ist ausgleichsberechtigt und erhält Ausgleichszuweisungen. Ist die Steuerkraft kleiner als 92 % des Finanzbedarfs, dann empfängt dieses Bundesland als Ausgleichszah-
lung:

$$AZ = 0,95 \ AM - SM \qquad (20)$$

Liegt die Steuerkraftmeßzahl zwischen 92 % und 100 % der Ausgleichsmeßzahl, dann beläuft sich die Zuweisung auf:

$$AZ = 0,375 \ (AM - SM) \qquad (21)$$

Die Ausgleichsbeiträge werden dergestalt (proportional) korrigiert, daß die Summe der Ausgleichszuweisungen durch die Summe der Ausgleichsbeiträge gedeckt wird. Die formale Finanzkraft darf nach dem Finanzausgleich den Bedarf um 4,4 % überschreiten oder um 5 % darunter bleiben, so daß die Länder bedarfsgerecht finanziert werden und zugleich einen gewissen
Leistungsanreiz erhalten.

3.1.4. Finanzausgleich zwischen Ländern und Gemeinden

Der Finanzausgleich auf der dritten Stufe wird durch Landes-
gesetze geregelt, die von Land zu Land verschieden gestaltet
sind. Als Beispiel soll der Finanzausgleich im größten Bundesland (Nordrhein-Westfalen) betrachtet werden[1]. Für die Allgemeinen Finanzzuweisungen gilt auch hier der Schlüssel der
mangelnden Steuerkraft (Popitz[2]). Wiederum wird die Steuerkraft mit Hilfe der Steuerkraftmeßzahl operationalisiert.

1) Gesetz zur Regelung des Finanz- und Lastenausgleichs mit
   den Gemeinden und Gemeindeverbänden für das Haushaltsjahr
   1974 (Finanzausgleichsgesetz 1974) vom 7.1.1974, Gesetz-
   und Verordnungsblatt für das Land Nordrhein-Westfalen 1974,
   S. 22 ff.
2) J. Popitz, Der künftige Finanzausgleich zwischen Reich,
   Ländern und Gemeinden, Berlin: Liebmann 1932

Im Gegensatz zum Finanzausgleich unter den Ländern werden
keine Ausgleichsbeiträge erhoben; das Land zahlt an die einzelnen Gemeinden Finanzzuweisungen in unterschiedlicher Höhe.
Allen Gemeinden wird ein Sockel von 90 % der Ausgangsmeßzahl
garantiert, so daß sich gegebenenfalls ein Teil der Allgemeinen Finanzzuweisungen AF ergibt:

$$SM < 0,9 \text{ AM} \rightarrow AF_1 = 0,9 \text{ AM} - SM \qquad (22)$$

$$SM > 0,9 \text{ AM} \rightarrow AF_1 = 0$$

Der Teil der Steuerkraft, der den Gemeinden dann noch an
100 Prozent des Finanzbedarfs fehlt, wird zur Hälfte von dem
jeweiligen Bundesland erstattet:

$$AF_2 = 0,5 \text{ (AM} - SM - AF_1) \qquad (23)$$

Die Allgemeinen Finanzzuweisungen addieren sich nun aus den
Komponenten:

$$AF = AF_1 + AF_2 \qquad (24)$$

Im Anschluß an diesen Überblick soll gezeigt werden, wie in
Nordrhein-Westfalen die Ausgangsmeßzahl ermittelt wird. Diese Meßzahl ist das Produkt aus Gesamtansatz GA und Grundbetrag GB, der für Nordrhein-Westfalen einheitlich ist, ein Vorgehen, das wieder an den Finanzausgleich unter den Ländern erinnert:

$$AM = GA \cdot GB \qquad (25)$$

Der Gesamtansatz gliedert sich in den Hauptansatz, welcher auf
der mit 100 % bis 135 % gewerteten Einwohnerzahl basiert, und
in den Nebensatz, in dem Schülerzahl, Grenzlage und Bäder-
status zum Tragen kommen. Abschließend soll erläutert werden,
wie der Grundbetrag bestimmt wird. Für den einfachen Fall, daß

in allen Gemeinden die Steuerkraftmeßzahl zwischen 90 % und
100 % der Ausgangsmeßzahl liegt, ergibt sich aus Gleichung
(23) und (25) :

$$AF(I) = 0,5 \cdot (GA(I) \cdot GB - SM(I)) , \qquad (26)$$

wobei I die Gemeinde indiziert. Summation über alle Gemeinden
führt zu dem Ausdruck:

$$\Sigma \; AF(I) = 0,5 \cdot GB \cdot \Sigma \; GA(I) - 0,5 \cdot \Sigma SM(I) \qquad (27)$$

Sind nun die Steuerkraftmeßzahlen, die Allgemeinen Finanzzuweisungen (Total) und die Gesamtsätze gegeben, dann lautet der
landeseinheitliche Grundbetrag:

$$GB = \frac{2 \cdot \Sigma \; AF(I) + \Sigma \; SM(I)}{\Sigma \; GA(I)} \qquad (28)$$

Während in Nordrhein-Westfalen zentrale Funktionen dadurch
Berücksichtigung finden, daß die Einwohnerzahl im Hauptansatz "veredelt" wird, zahlt das Land Schleswig-Holstein[1]
an die Oberzentren, Mittelzentren, Unterzentren und länd-
lichen Zentralorte Schlüsselzuweisungen für übergemeindliche
Aufgaben.

3.2. Modellrechnung zum Finanzausgleich 1980

In Abschnitt 3.1. wurde ein Überblick über die Beiträge und

---

1) Bekanntmachung der Neufassung des Gesetzes über den
   Finanzausgleich in Schleswig-Holstein (Finanzausgleichsgesetz) vom 6.5.1974, Gesetz- und Verordnungsblatt Schleswig-Holstein 1974 S. 117 ff.

Zuweisungen gegeben, der als solcher auf Kosten der Details
geht. Aus zwei Gründen schließt sich hier die Modellrechnung
zum Finanzausgleich[1] 1980 an: Zum einen exemplifiziert diese
Simulation das Zusammenwirken der zahlreichen Bestimmungen
und legt damit den Grund für eine kritische Analyse. Zum anderen gestattet die Modellrechnung eine Abschätzung der zu-
künftigen Entwicklung des Finanzausgleichs, wie sie unter
realistischen Annahmen zu erwarten ist. Die Simulation hat für
Bund, Länder und Gemeinden Bedeutung, da auch die Aufteilung
der Gemeinschaftssteuern betrachtet wird. Für die Gemeinden ist sowohl die Vorausschätzung ihrer Steuereinnahmen
als auch die zu erwartende Finanzkraft der Länder nach Finanzausgleich entscheidend, an der die Gemeinden indirekt
teilhaben.

Die künftige Entwicklung bei den Steuereinnahmen der Länder wird von dem Wachstum in den Bundesländern bestimmt.
Die Verteilung der Umsatzsteuer auf die Gliedstaaten erfolgt nach Maßgabe der Einwohnerzahl, die für 1980 abzu-
schätzen ist. Aus den Steuereinnahmen der Länder und Gemeinden resultiert die Meßzahl für die Steuerkraft, während
der Finanzbedarf an der Einwohnerzahl orientiert ist
(Ausgleichsmeßzahl). Die Relation dieser Meßzahlen entscheidet darüber, welches Land Ausgleichsbeiträge zahlt oder
Ausgleichszuweisungen empfängt. Zum Abschluß wird die
Wirkung des Finanzausgleichs diskutiert und im Zeitablauf (1970 und 1980) verglichen.

---

1) Für den Abschnitt 3.2. ist das Finanzausgleichsgesetz
   grundlegend:
   Gesetz über den Finanzausgleich zwischen Bund und Ländern
   vom 28.8.1969, BGBl 1969 I S. 1432 ff.
   geändert BGBl 1971 I S. 187
   geändert BGBl 1972 I S. 2049
   geändert BGBl 1974 I S. 1045

3.2.1. Steuereinnahmen der Länder

Zunächst gilt es, die Verteilung der Bevölkerung und das
Wachstum des Bruttoinlandsprodukts für die Bundesländer
zu bestimmen, denn die Verteilung des Länderanteils an
der Umsatzsteuer wird maßgeblich von diesen Größen beeinflußt. Es wird angenommen, daß der Länderanteil von 1976,
der sich auf 38 % beläuft, auch 1980 gilt. Dreiviertel
dieses Länderanteils werden gemäß der Einwohnerzahl
zugewiesen, das verbleibende Viertel gleicht die Steuereinnahmen der Länder aus. Diese Steuereinnahmen hängen von
dem Bruttoinlandsprodukt des jeweiligen Bundeslandes ab.
In Tabelle 11 findet sich deshalb eine Prognose der Bevölkerung und des Bruttoinlandsproduktes für die Bundesländer 1980. Es handelt sich um eine Status-quo-Voraus-
schätzung mit 61 Mio. Einwohnern für die elf Bundesländer, wobei die relative Bevölkerung entscheidend ist.
Das Bruttosozialprodukt zu Marktpreisen in der Bundesrepublik wächst von 1974 bis 1980 real durchschnittlich um
4,5 % im Jahr von 996 Mrd. DM auf 1297 Mrd. DM. Für diese
Status-quo-Prognose in Preisen von 1970 wird vom Konjunkturzyklus abstrahiert.

Zu den Steuereinnahmen der Länder, die durch ein Viertel
des Länderanteils an der Umsatzsteuer korrigiert werden,
rechnen die Einkommensteuer, Körperschaftsteuer und Gewerbesteuerumlage (jeweils Länderanteil) sowie gewisse
Landessteuern (Vermögensteuer, Erbschaftsteuer, Kraftfahrzeugsteuer, Biersteuer, Rennwettsteuer, Lotteriesteuer). Basis für die Modellrechnung sind die Steuereinnahmen
1974, die bis 1980 hochgerechnet werden.[1] Dabei ergibt

---

1) Vgl. Tabelle A 4

T a b e l l e 1 1

Prognose der Bevölkerung (in Mio.) und des Bruttoinlandsproduktes (in Mrd.DM) für die Länder[1] der Bundesrepublik 1980. Basis für die Modellrechnung zum Finanzausgleich zwischen Bund und Ländern

Bundesland	Einwohner 1974[2]	1980[2]	Bruttoinlandsprodukt 1974	1980	1980/1974
	(1)	(2)	(3)	(4)	(5)
Schleswig-Holstein	2,58	2,55	34,8	45,6	1,312
Hamburg	1,73	1,59	48,9	59,4	1,216
Niedersachsen	7,27	7,12	97,9	121,5	1,242
Bremen	0,72	0,68	15,3	18,8	1,232
Nordrhein-Westfalen	17,22	16,81	287,3	367,1	1,278
Hessen	5,58	5,61	91,7	121,9	1,329
Rheinland-Pfalz	3,69	3,59	55,9	75,3	1,348
Baden-Württemberg	9,23	9,43	150,7	201,2	1,335
Bayern	10,85	10,77	162,9	220,8	1,355
Saarland	1,10	1,04	15,7	19,9	1,268
Summe	59,97	59,19	961,1	1251,5	

Quellen: Statistische Jahrbücher der Bundesrepublik
Deutschland

Eigene Berechnungen

---

1) Berlin wird nicht in den Finanzausgleich gemäß
Finanzausgleichsgesetz (FAG) einbezogen

2) 31.12.

Bevölkerungsprognose: Status-quo-Prognose mit 61 Mio.
Einwohnern für alle elf Bundesländer (entscheidend: relative Einwohnerzahl).

Prognose des Bruttoinlandsproduktes: Status-quo-Prognose
in Preisen von 1974. Das Bruttosozialprodukt zu Marktpreisen in der Bundesrepublik wächst von 1974 bis 1980 real
durchschnittlich um 4,5% im Jahr von 996 Mrd. DM auf
1297 Mrd. DM. Vom Konjunkturzyklus wird abstrahiert.

T a b e l l e 12

Steuereinnahmen der Länder 1980 (in Mio. DM)

Bundesland	EinkommenSt Körper-schaftSt	Gewerbe-steuer-umlage	VermögenSt, ErbschaftSt Kfz, BierSt RennwettSt LotterieSt	Summe (15)+(16)+(17)	Steuereinnahmen der Länder abzüglich Lastenausgleichsabgabe[1] (18)-(31)
	(15)	(16)	(17)	(18)	(19)
Schleswig-Holstein	2569	150	471	3190	3148
Hamburg	3237	213	600	4050	3996
Niedersachsen	5961	427	1269	7657	7528
Bremen	943	74	204	1221	1206
Nordrhein-Westfalen	20189	1412	4183	25784	25257
Hessen	7100	448	1505	9053	8951
Rheinland-Pfalz	3689	263	783	4735	4683
Baden-Württemberg	11564	834	2302	14700	14538
Bayern	11508	775	2719	15002	14813
Saarland	899	51	222	1172	1172
Summe	67659	4647	14258	86564	85292

Quelle: Eigene Berechnungen

1) Festschreibung 1974

sich das Wachstum der Steuereinnahmen, indem das länder-
spezifische Wachstum des Bruttosozialproduktes und die
steuerspezifische Aufkommenselastizität kombiniert werden[1]. In Tabelle 12 sind die Steuereinnahmen der Länder
1980 aufgeführt, die sich insgesamt auf 86.564 Mio. DM
belaufen. Für die Zuweisung der Umsatzsteuer ist es
weiterhin erforderlich, die Lastenausgleichsabgabe zu
subtrahieren.

3.2.2. Verteilung der Umsatzsteuer

Das Aufkommen der Umsatzsteuer wächst schneller als das
Bruttosozialprodukt von 51.171 Mio. DM 1974 auf 69.490 Mio.DM
1980. Beträgt der Länderanteil an der Umsatzsteuer 1980
gleichbleibend 38 %, dann erhalten die Länder 26.406 Mio.DM.
Da Berlin nicht am Finanzausgleich teilnimmt, verbleiben für
die anderen Länder 25.623 Mio. DM[2]. In den Tabellen 13, 14
und 15 ist angegeben, wie 75 % des Länderanteils gemäß
der Einwohnerzahl und 25 % des Länderanteils zum Ausgleich
der Steuereinnahmen verteilt werden. Von diesem Viertel
werden den Ländern 92 % des Länderdurchschnitts der
Steuereinnahmen je Einwohner (ESt, KSt, GewUml, Landessteuern) garantiert, mindestens jedoch der Anteil nach der
Einwohnerzahl. Um die 25 % des Länderanteils an der Umsatzsteuer nicht zu überschreiten, werden die Ergänzungsanteile, die den Länderdurchschnitt übersteigen, anteilig herabgesetzt. Allerdings dürfen die Länder, die
vor der Umsatzsteuerverteilung über dem Durchschnitt

---

1) Vgl. Tabelle A 5
2) Vgl. Anhang A 6

Tabelle 13

Verteilung der Umsatzsteuer unter den Ländern der Bundesrepublik 1980

Land	75% des Länderanteils an USt gemäß Einwohnerzahl (Mio. DM) (§2 Abs.1 FAG)	ESt, KSt, Gew USt, Uml, LandesSt gemäß §7 Abs.1 und 2 je Einwohner (DM) (19)/(2)	Fehlbetrag zu 92% des Länderdurchschnitts (21): 1326 DM (§2 Abs.2 FAG)	Fehlbetrag multipliziert mit Einwohnerzahl (22)·(2) (Mio.DM)
	(20)	(21)	(22)	(23)
Schleswig-Holstein	828	1235	91	232
Hamburg	516	2513	0	0
Niedersachsen	2312	1057	269	1915
Bremen	221	1774	0	0
Nordrhein-Westfalen	5458	1502	0	0
Hessen	1821	1596	0	0
Rheinland-Pfalz	1166	1304	22	79
Baden-Württemberg	3062	1542	0	0
Bayern	3497	1375	0	0
Saarland	338	1127	119	207
Summe, Mittelwert	19217	1441		

Quelle: Eigene Berechnungen

T a b e l l e   1 4

Verteilung der Umsatzsteuer unter den Ländern der Bundesrepublik 1980 (§2 Abs.2 FAG)

Land	25% des Länderanteils an USt gemäß Einwohnerzahl (Mio. DM)	Maximum der Spalten (23) und (24) (Mio. DM)	Ergänzungsanteile, die den Länderdurchschnitt übersteigen, herabgesetzt (Mio.DM)	Länderanteil an USt (20)+(26) (Mio. DM)
	(24)	(25)	(26)	(27)
Schleswig-Holstein	276	276	276	1104
Hamburg	172	172	114	630
Niedersachsen	771	1915	1915	4227
Bremen	74	74	49	270
Nordrhein-Westfalen	1819	1819	1208	6666
Hessen	607	607	403	2224
Rheinland-Pfalz	389	389	389	1555
Baden-Württemberg	1021	1021	678	3740
Bayern	1166	1166	1166	4663
Saarland	113	207	207	545
Summe	6406	7646	6406	25623

Quelle: Eigene Berechnungen

T a b e l l e 1 5

Verteilung der Umsatzsteuer unter den Ländern der Bundesrepublik 1980 (§2 Abs.3 FAG)

Land	ESt, KSt, USt,GewUml, Landessteuern §7 Abs.1 (Mio.DM), (18)+(27)	ESt, KSt, USt,GewUml, Landessteuern §7 Abs.1 je Einwohner (DM) (28)/(2)
	(28)	(29)
Schleswig Holstein	4294	1684
Hamburg	4680	2943
Niedersachsen	11884	1669
Bremen	1491	2193
Nordrhein-Westfalen	32450	1930
Hessen	11277	2010
Rheinland-Pfalz	6290	1752
Baden-Württemberg	18440	1955
Bayern	19665	1826
Saarland	1717	1651
Summe, Mittelwert	112187	1895

Quelle: Eigene Berechnungen

liegen, nach der Verteilung nicht unter den Durchschnitt
absinken.

Im Finanzausgleich werden die Steuereinnahmen der Länder
differenziert, wie in § 7 FAG niedergelegt.[1] Von den
Einnahmen aus der Vermögensteuer werden die Zuschüsse ab-
gezogen, die das Land an den Lastenausgleichsfond zahlt
(§ 7 Abs. 2). Für die Unterhaltung der Seehäfen können die
Länder Bremen (25 Mio. DM), Hamburg (55 Mio. DM) und
Niedersachsen (6 Mio. DM) ihre maßgeblichen Steuereinnahmen herabsetzen (§ 7 Abs. 3). Zur Abgeltung überm-
mäßiger Belastungen werden als Absetzung festgelegt:
55 Mio. DM für das Saarland und 30 Mio. DM für Schleswig-Holstein.

3.2.3. Steuereinnahmen der Gemeinden

Die für den Finanzausgleich relevanten Steuereinnahmen
der Gemeinden sind die Grundsteuer A und B, die Gewerbesteuer nach Ertrag und Kapital sowie der Gemeindeanteil
an der Einkommensteuer abzüglich Gewerbesteuerumlage[2].
Zunächst wird die Realsteueraufbringungskraft ermittelt,
die dann gemäß § 8 FAG mit den tatsächlichen Einnahmen
abgestimmt wird.

An den Anfang werden einige technische Bemerkungen dazu
gestellt, wie die Steuerkraft der Gemeinden gemessen

---

1) Zu den Zahlen 1980 siehe Tabelle A 7
2) Vgl. Anhang A 12

werden kann. Bemessungsgrundlage für die Realsteuern
ist der Einheitswert, der mit der bundeseinheitlichen
Meßzahl multipliziert wird:

$$\text{Meßbetrag} = \text{Einheitswert} \cdot \text{Meßzahl}/1.000$$

Die Kommunen setzen die Hebesätze fest, die für die Meßbeträge gelten:

$$\text{Sollaufkommen} = \text{Meßbetrag} \cdot \text{Hebesatz}/100$$

Das Sollaufkommen aus der Grund- und Gewerbesteuer[1]
eignet sich nicht als Kriterium, weil die kommunale Wirtschaft durch unterschiedliche Hebesätze mehr oder weniger
belastet wird. Weil die Meßbeträge in den einzelnen Bundesländern nach abweichenden Verfahren bestimmt werden,
bieten auch sie keinen geeigneten Maßstab für die kommunale Steuerkraft. Am besten wird die Steuerkraft geschätzt,
indem das Istaufkommen um die unterschiedliche Steuer-
anspannung korrigiert wird:

$$\text{Grundbetrag} = \text{Istaufkommen}/\text{gemeindlicher Hebesatz} \cdot 100$$

Die Indikatoren Realsteuerkraft und Realsteueraufbringungskraft werden nach folgender Methode errechnet:

$$\text{Steuerkraft} = \text{Grundbetrag} \cdot \text{bundeseinheitlicher Hebesatz}/100$$

---

1) Vgl. Bekanntmachung der Neufassung des Gewerbesteuergesetzes vom 20.10.1969, BGBl 1969 I S. 2021 ff.
Gesetz zur Reform des Grundsteuerrechts vom 7. August
1973, BGBl 1973 I S. 965 ff.

Bei der Realsteueraufbringungskraft wird ein gewogener
Bundesdurchschnitt als einheitlicher Hebesatz eingesetzt,
bei der Realsteuerkraft ein fiktiver Hebesatz. Zuletzt
ergibt sich die gemeindliche Steuerkraft aus der Realsteuerkraft, vermehrt um den Gemeindeanteil an der Einkommensteuer und vermindert um die Gewerbesteuerumlage.

Maßgeblich ist jeweils die Realsteueraufbringungskraft
des Vorjahres, für den Finanzausgleich 1980 bildet also der
Realsteuervergleich 1979 die Grundlage. Deshalb wird anhand der länderspezifischen Wachstumsfaktoren und der
steuerspezifischen Aufkommenselastizitäten der Realsteuergrundbetrag von 1973 bis 1979 fortgeschrieben. Ausgangs-
punkt sind die Realsteuergrundbeträge je Einwohner 1973[1],
die mit der Bevölkerung des gleichen Jahres multipliziert
werden, um die Realsteuergrundbeträge zu erhalten.[2]
Die Grundbeträge 1979[3] werden mit den bundesdurchschnittlichen Hebesätzen[4] vervielfacht, so daß sich die Realsteueraufbringungskraft 1979 ergibt, die in Tabelle 16
aufgezeichnet ist.

Mit Hilfe der Wachtumsfaktoren für das Bruttoinlandsprodukt und der Aufkommenselastizität der Steuern kann von
den Steuereinnahmen der Gemeinden 1974[5] auf die Zahlen
für 1980 geschlossen werden, die in die Kennziffern
des § 8 FAG Eingang finden. Die Vorausschätzung für die
Steuereinnahmen der Gemeinden 1980 findet sich in Tabelle
17: Der Anteil der Grundsteuer ist unverändert, die

---

1) Vgl. Tabelle A 8
2) Vgl. Tabelle A 9
3) Vgl. Tabelle A 10
4) Grundsteuer A 221 %, Grundsteuer B 261 %, Gewerbesteuer
   nach Ertrag und Kapital 307 %
5) Vgl. Tabelle A 11

T a b e l l e 1 6

Realsteueraufbringungskraft in den Ländern der Bundesrepublik 1979 (Mio.DM)

Land	Grundsteuer A (57)	Grundsteuer B (58)	Gewerbesteuer Ertrag,Kapital (59)	Summe (57)+(58)+(59) (60)
Schleswig-Holstein	38	136	654	828
Hamburg	2	117	979	1098
Niedersachsen	93	355	2011	2459
Bremen	1	57	335	393
Nordrhein-Westf.	73	1021	6809	7903
Hessen	40	337	2201	2578
Rheinland-Pfalz	38	198	1234	1470
Baden-Württemberg	84	600	4148	4832
Bayern	113	579	3739	4431
Saarland	2	63	258	323
Summe	482	3463	22368	26313

Quelle: Eigene Berechnungen

Die Realsteueraufbringungskraft ergibt sich aus dem Realsteuergrundbetrag, multipliziert mit dem bundesdurchschnittlichen Hebesatz 1973: Grundsteuer A 221%, Grundsteuer B:
261%, Gewerbesteuer nach Ertrag und Kapital 307%. Die Wachtumsfaktoren und Aufkommenselastizitäten wurden zuvor berücksichtigt.

T a b e l l e   1 7

Steuereinnahmen der Gemeinden in der Bundesrepublik 1980 (in Mio. DM)

Land	GrundSt A	GrundSt B	GewerbeSt Ertrag, Kapital, Lohnsumme	Gewerbesteuerumlage	Gemeinde ESt	Steuereinnahmen der Gemeinden (41)+(42)+ (43)-(44)+ (45)
	(41)	(42)	(43)	(44)	(45)	(46)
Schleswig-Holstein	34	135	829	300	795	1493
Hamburg	1	157	1349	427	841	1921
Niedersachsen	97	378	2395	856	1857	3871
Bremen	0	63	503	148	274	692
Nordrhein-Westfalen	48	1123	8334	2824	5763	12444
Hessen	43	344	2928	877	1882	4320
Rheinland-Pfalz	41	212	1494	522	1091	2316
Baden-Württemberg	87	539	4536	1667	3348	6843
Bayern	147	825	4458	1572	3448	7306
Saarland	2	56	328	114	260	532
Berlin	0	208	870	253	387	1212
Summe	500	4040	28024	9560	19946	42950

Dieser Voraussschätzung liegen die Wachstumsfaktoren für das Bruttoinlandsprodukt der Bundesländer zugrunde, korrigiert um die Aufkommenselastizität (in Klammern): Grundsteuer A (0,72),
Grundsteuer B (1,00), Gewerbesteuer (Ertrag, Kapital, Lohnsumme 1,00), Gewerbesteuerumlage
(1,00), Gemeindeanteil an der Einkommensteuer (1,43).

Quote der Gewerbesteuer sinkt von 45 % auf 43 %, während
die Bedeutung des Gemeindeanteils an der Einkommensteuer
wächst (von 44 % auf 47 %).

Für die Einnahmen der Gemeinden aus den Realsteuern
1980 ist die Verteilung der Aufbringungskraft auf die
Länder 1979 maßgeblich,während für die Einnahmen aus dem
Gemeindeanteil an der Einkommensteuer und für die Gewerbesteuerumlage 1980 die Verteilung des Istaufkommens entscheidend ist. Die Realsteueraufbringungskraft der Länder 1979 wird anteilig so korrigiert, daß ihre Summe
gleich derjenigen des halben Istaufkommens 1980 ist.
Die Einnahmen aus dem Gemeindeanteil an der Einkommensteuer
und die Gewerbesteuerumlage werden zur Hälfte angesetzt.
Das Ergebnis dieser Umformungen ist in Tabelle 18 angegeben.

3.2.4. Meßzahlen für Bedarf und Steuerkraft

Die Basis für den Finanzbedarf ist die Einwohnerzahl,
während die Steuerkraft grundsätzlich auf dem Istaufkommen beruht. Die Einwohner werden mit der Größe des
Landes und der Gemeinde gewertet, in der sie wohnen[1].
Die Bevölkerung der Flächenstaaten wird mit 100 % gewichtet,
die Bevölkerung in Stadtstaaten mit 135 %, um den erhöhten
Bedarf abzugelten, der auf die überörtlichen Aufgaben zurückzuführen ist. Außerdem werden die Einwohner eines
Landes mit der Größe ihrer Wohngemeinde und deren Bevölkerungsdichte gewertet. Die gewertete Einwohnerzahl der
Länder 1980 gemäß § 9 FAG ist in Tabelle 19 abgedruckt.

Aus der gewerteten Einwohnerzahl eines Landes wird seine

---

1) Vgl. Anhang 13

T a b e l l e   18

Steuereinnahmen der Gemeinden in den Ländern der Bundesrepublik 1980, korrigiert gemäß §8 FAG (in Mio. DM)

Land	GrundSt A	GrundSt B	GewerbeSt Ertrag, Kapital	Gemeinde ESt	GewUml	Steuereinnahmen der Gemeinden gemäß §8 (61)+(62)+(63) +(64)-(65)
	(61)	(62)	(63)	(64)	(65)	(66)
Schleswig-Holstein	20	75	397	398	150	740
Hamburg	1	65	594	421	214	867
Niedersachsen	48	196	1221	929	428	1966
Bremen	0	32	203	137	74	298
Nordrhein-Westfalen	38	565	4133	2881	1412	6205
Hessen	20	186	1336	941	438	2045
Rheinland-Pfalz	20	109	749	545	261	1162
Baden-Württemberg	44	332	2518	1674	834	3734
Bayern	58	320	2270	1724	786	3586
Saarland	1	35	157	130	57	266
Summe	250	1915	13577	9780	4654	20868

Quelle: Eigene Berechnungen

T a b e l l e   1 9

Gewertete Einwohnerzahl der Länder 1980 gemäß §9 FAG (in Mio.)

Land	Länder				Gemeinden	
	Einwohner (2)	Wertungs-faktor[1] §9 Abs. 2	gewertete Einwohner (67).(68)	Einwohner (2)	Wertungs-faktor[1] §9 Abs. 3	gewertete Einwohner (70).(71)
	(67)	(68)	(69)	(70)	(71)	(72)
Schleswig-Hol.	2,55	1,00	2,55	2,55	1,072	2,73
Hamburg	1,59	1,35	2,15	1,59	1,295	2,06
Niedersachsen	7,12	1,00	7,12	7,12	1,065	7,58
Bremen	0,68	1,35	0,92	0,68	1,206	0,82
Nordrh.-Westf.	16,81	1,00	16,81	16,81	1,133	19,05
Hessen	5,61	1,00	5,61	5,61	1,151	6,46
Rheinl.-Pfalz	3,59	1,00	3,59	3,59	1,051	3,77
Baden-Würt.	9,43	1,00	9,43	9,43	1,067	10,06
Bayern	10,77	1,00	10,77	10,77	1,073	11,56
Saarland	1,04	1,00	1,04	1,04	1,052	1,09
Summe	59,19		59,99	59,19		65,18

Quelle: Eigene Berechnungen

1) Die Einwohnerstruktur innerhalb der Länder von 1970 wird festgeschrieben.
   Quelle: J. Lübbert, Die vier norddeutschen Länder, Göttingen: Vandenhoeck und
   Ruprecht 1973, S.157

Ausgleichsmeßzahl hergeleitet, um den Finanzbedarf zu
beziffern[1]. Die gewertete Einwohnerzahl der Länder
wird mit den bundesdurchschnittlichen Steuereinnahmen der
Länder gemäß § 7 FAG je Einwohner multipliziert, so daß
sich die Ausgleichsmeßzahl der Länder ergibt. Die Ausgleichsmeßzahl der Gemeinden ist das länderweise Produkt
von gewerteter Einwohnerzahl der Gemeinden und Steuereinnahmen der Gemeinden gemäß § 8 FAG je Einwohner. Werden
der gewertete Landeseinwohner mit 1846 DM und der gewertete Gemeindeeinwohner mit 320 DM vervielfacht, dann resultiert die Ausgleichsmeßzahl als Summe ihrer Länder-
und Gemeindekomponente mit 131.614 Mio. DM.

Werden die Steuereinnahmen eines Landes gemäß § 7 und die
Steuereinnahmen seiner Gemeinden gemäß § 8 FAG addiert,
dann ergibt sich die Steuerkraftmeßzahl des betrachteten
Landes. Die Summe der Steuerkraftmeßzahlen hat also ex de-
finitione die gleiche Größe wie die Summe der Ausgleichsmeßzahlen (1980 : 131.614 Mio. DM), sie unterscheiden
sich allerdings in der Aufteilung auf die einzelnen
Länder: Die Struktur der Ausgleichsmeßzahlen indiziert
den Finanzbedarf, die Struktur der Steuerkraftmeßzahlen
die Finanzkraft. Deshalb werden aus der Differenz dieser
Größen die Ausgleichsbeiträge und Ausgleichszuweisungen
abgeleitet, die sich als Summe aufheben.

3.2.5. Ausgleichsbeiträge und Ausgleichszuweisungen[2]

Die Bundesländer, deren Steuerkraftmeßzahl kleiner ist

---

1) Vgl. Tabelle 20
2) Vgl. Anhang A 14 und Abschnitt 3.1.3.

T a b e l l e   2 0

Ausgleichsmeßzahlen und Steuerkraftmeßzahlen der Länder 1980 gemäß § 6 FAG (in Mio. DM)

Land	Ausgleichsmeßzahlen §6			Steuerkraftmeßzahlen			Differenz (75)-(79)
	Länder (69).1846 (73)	Gemeinden (72).320 (74)	Summe (73)+(74) (75)	Länder §7 (34) (76)	Gemeinden §8 (66) (77)	Summe (76)+(77) (78)	(75)-(79) (79)
Schleswig-Hol.	4708	874	5582	4222	740	4962	620
Hamburg	3969	660	4629	4571	867	5438	-809
Niedersachsen	13144	2427	15571	11749	1966	13715	1856
Bremen	1698	263	1961	1451	298	1749	212
Nordrh.-Westf.	31032	6099	37131	31923	6205	38128	-997
Hessen	10357	2068	12425	11175	2045	13220	-795
Rheinl.-Pfalz	6627	1207	7834	6238	1162	7400	434
Baden-Würt.	17409	3221	20630	18278	3734	22012	-1382
Bayern	19881	3701	23582	19476	3586	23062	520
Saarland	1920	349	2269	1662	266	1928	341
Summe	110745	20869	131614	110745	20869	131614	0

Quelle: Eigene Berechnungen

§ 6 FAG: Steuerkraftmeßzahl, Ausgleichsmeßzahl

(1) Die Steuerkraftmeßzahl eines Landes ist die Summe der
Steuereinnahmen des Landes nach § 7 und der Steuereinanhmen
seiner Gemeinden nach § 8.

(2) Die Ausgleichsmeßzahl eines Landes ist die Summe der
beiden Meßzahlen, die zum Ausgleich der Steuereinnahmen
der Länder (§ 7) und zum Ausgleich der Steuereinnahmen der
Gemeinden (§8) getrennt festgestellt werden. Die Meßzahlen
ergeben sich aus den auszugleichenden Steuereinnahmen
je Einwohner im Bundesdurchschnitt, vervielfacht mit der
Einwohnerzahl des Landes; hierbei sind die nach § 9 gewerteten Einwohnerzahlen zugrunde zu legen.

Durchschnittliche Steuereinnahmen 1980

$$\text{Länder} \quad \frac{110\ 745}{59,99} = 1\ 846$$

$$\text{Gemeinden} \quad \frac{20\ 868}{65,18} = 320,2$$

als ihre Ausgleichsmeßzahl, erhalten von den Bundesländern, deren Finanzkraft ihren Finanzbedarf um mehr
als zwei Prozent überschreitet (ausgedrückt mit Hilfe
der Meßzahl), Finanzzuweisungen zum Ausgleich.

Für diejenigen Länder, deren Steuerkraft geringer ist als
der Bedarf, gilt: Sie erhalten mindestens 92 % der Ausgleichsmeßzahl, darüber hinaus 37,5 % des Betrages, der
von 92 bis 100 % der Ausgleichsmeßzahl fehlt. In Niedersachsen zum Beispiel erreicht die Steuerkraftmeßzahl
(in Mio. DM) mit 13.715 rund 88 % der Ausgleichsmeßzahl
von 15.571, so daß Niedersachsen in die angegebene Ka-
tegorie fällt. Zunächst werden Niedersachsen 92 % der
Ausgleichsmeßzahl garantiert, das sind 14.325 Mio. DM.
Weiterhin empfängt Niedersachsen 37,5 % von 1.246 Mio. DM,
also 467 Mio. DM. Insgesamt werden Niedersachsen 610 +
467 = 1077 Mio. DM zugewiesen.

Übersteigt die Finanzkraft den Bedarf, dann bestimmt
§ 10 FAG: Die Steuerkraft, die zwischen 102 und 110 vom
Hundert der Ausgleichsmeßzahl liegt, wird zu 70 vom Hundert als Ausgleichsbeitrag abgeführt, während darüber
hinausreichende Steuerkraft voll abzuliefern ist. In
Baden-Württemberg übersteigt die Steuerkraftmeßzahl
mit 22.012 Mio. DM die Ausgleichsmeßzahl von 20.630 Mio.
DM um 107 %. Die Steuerkraft, die zwischen 102 % (21.043
Mio. DM) und 110 % der Ausgleichsmeßzahl (22.012 Mio. DM)
liegt , das sind 969 Mio. DM, wird zu 70 % an die finanzschwachen Länder abgegeben (678 Mio. DM).

Werden nach diesen Vorschriften für alle Bundesländer
die Ausgleichszuweisungen und Ausgleichsbeiträge ermittelt, dann ist im allgemeinen die Summe der Beiträge
nicht gleich der Summe der Zuweisungen. Deshalb werden

T a b e l l e 2 1

Steuereinnahmen der Länder nach dem Finanzausgleich 1980

Land	Ausgleichs-zuweisungen §10 Abs.1,2 (Mio.DM)	Steuerein-nahmen §7 Abs.1 und 2 (Mio.DM)	Steuerein-nahmen nach Finanzausgl. (80)+(81) (Mio.DM)	Steuerein-nahmen nach Finanzausgl. je Einwohner (82)/(2) (DM)	Steuereinnahmen Korrektur (82) §10 Abs.3 Satz 1 (Mio.DM)
	(80)	(81)	(82)	(83)	(84)
Schleswig-Holstein	341	4252	4593	1801	4593
Hamburg	-695	4626	3931	2472	3931
Niedersachsen	1077	11755	12832	1802	12832
Bremen	114	1476	1590	2338	1590
Nordrhein-Westfalen	-204	31923	31719	1887	31719
Hessen	-440	11175	10735	1914	10735
Rheinland-Pfalz	163	6238	6401	1783	6401
Baden-Württemberg	-779	18278	17499	1856	17499
Bayern	195	19476	19671	1826	19671
Saarland	228	1717	1945	1870	1945
Summe, Mittelwert	0	110916	110916	1874	110916

Quelle: Eigene Berechnungen

die Ausgleichsbeiträge proportional dergestalt erhöht oder er-
niedrigt, daß sie genau die Ausgleichszuweisungen decken.
Das Ergebnis dieses Verfahrens findet sich in Spalte 80 der
Tabelle 21, wo die Ausgleichsbeiträge als negative Zuweisungen interpretiert werden und sich somit als Summe Null ergibt.

Jetzt wird überprüft, ob die Steuereinnahmen der Länder je
Einwohner (ohne die Steuereinnahmen der Gemeinden) nicht
zu stark streuen. Dazu werden die Steuereinnahmen der Länder
gemäß § 7 Abs. 1 und 2 (abzüglich Lastenausgleichsabgabe)
nach Finanzausgleich auf die jeweilige Bevölkerung umgelegt
und sukzessiv nach unten (§ 10 Abs. 3 Satz 1) und oben
(§ 10 Abs.3 Satz 2) getestet. Dabei werden den Ländern 95 %
des Durchschnitts garantiert, Fehlbeträge sind von den ausgleichspflichtigen Ländern anteilig aufzubringen. Im vorliegenden Fall werden 95 % des Länderdurchschnitts von 1.874 DM,
das sind 1.780 DM, von allen Ländern überschritten, somit
entfällt diese Korrektur. Im zweiten Schritt wird überprüft,
ob die ausgleichspflichtigen Länder nach Finanzausgleich
immer noch über dem Durchschnitt liegen, sonst wird der Fehlbetrag von den anderen finanzstarken Ländern getragen.
§ 10 Abs. 3 Satz 2 FAG trifft auf Baden-Württemberg zu,
das mit 1.856 DM unter dem Länderdurchschnitt von 1.874 DM
liegt. Nach diesen Änderungen stehen die Ausgleichsbeiträge
und Ausgleichszuweisungen endgültig fest, siehe Tabelle 22,
Spalte 87.

3.2.6. Die Wirkung des Finanzausgleichs

Von Interesse ist einmal die Finanzausstattung vor und nach
dem Finanzausgleich, zum anderen die Entwicklung im Zeitablauf, dazu gehört auch die Wirkung des FAG von 1969, das
1970 in Kraft trat. Entscheidend ist hier , daß nur vergleich-
bare Zahlenreihen herangezogen werden. In Tabelle 22 finden

T a b e l l e   2 2

Steuereinnahmen der Länder nach dem Finanzausgleich 1980

Land	Steuereinnahmen Korrektur gemäß §10 Abs.3 Satz 2 (Mio.DM)	Steuereinnahmen Korrektur gemäß §10 Abs.3 Satz 2 je Einwohner (DM) (85)/(2)	Ausgleichszuweisungen §10 FAG (Mio.DM) (85)-(81)	Ausgleichszuweisungen §10 FAG (Mio.DM) 1973[1]	Ausgleichszuweisungen (Mio.DM) 1969[2]
	(85)	(86)	(87)	(88)	(89)
Schleswig-Holstein	4593	1801	341	277	520
Hamburg	3843	2417	-783	-331	-691
Niedersachsen	12832	1802	1077	679	888
Bremen	1590	2338	114	71	-13
Nordrhein-Westfalen	31693	1885	-230	-341	-486
Hessen	10679	1904	-496	-363	-624
Rheinland-Pfalz	6401	1783	163	248	489
Baden-Württemberg	17669	1874	-609	-590	-619
Bayern	19671	1826	195	167	233
Saarland	1945	1870	228	185	303
Summe, Mittelwert	110916	1874	0	0	0

Quelle:Eigene Berechnungen

1) Finanzbericht 1975, Hg. Bundesministerium der Finanzen, Bonn: Heger 1974,S.133
2) Finanzbericht 1974, Hg. Bundesministerium der Finanzen, Bonn: Heger 1973,S.174

sich deshalb die Ausgleichszuweisungen gemäß § 10 FAG[1]
für die Jahre 1969, 1973 und 1980. Das Jahr 1969 liegt vor
der Finanzreform,die neuesten vorliegenden Zahlen betreffen
1973 und 1980 ist der Horizont dieser Modellrechnung. 1969
ist das Volumen des Finanzausgleichs am größten, 2.433 Mio. DM
werden gezahlt, die gleiche Summe wird empfangen. 1973 sinkt
das Volumen auf 1.625 Mio. DM, um 1980 wieder 2.118 Mio. DM
zu erreichen. Der größte Empfänger ist in allen drei Jahren
das Land Niedersachsen, der größte Spender ist 1969 und 1980
der Stadtstaat Hamburg, 1973 das Land Baden-Württemberg.
Die künftige Entwicklung in Hamburg ist vor allem auf die
Divergenz von Beschäftigten und Erwerbstätigen zurückzuführen, die mit einem hohen Pendlersaldo einhergeht. Bremen
erhält zunehmend Zuweisungen, um seine überörtlichen Aufgaben
wahrnehmen zu können. Die Ausgleichsbeiträge von Nordrhein-Westfalen nehmen kontinuierlich ab, weil das wirtschaft-
liche Wachstum in diesem Industriestaat unterdurchschnitt-
lich ist. Im Gegensatz dazu sinkt die Bedeutung der Ausgleichszuweisungen für Rheinland-Pfalz und Bayern, die im Länderver-
gleich aufholen.

Tabelle 23 gestattet, die Einnahmen der Länder je Einwohner
vor und nach dem Finanzausgleich 1970 und 1980 zu vergleichen.
Die Angaben sind in Prozent ausgedrückt, um die relative
Finanzausstattung (Streuung) zu erfassen, im Sinne des Föderalismus werden die Länder nicht mit ihrer Bevölkerung gewichtet. Es handelt sich um die Steuereinnahmen der Länder
gemäß § 7 Abs.1 und 2, die Steuereinnahmen der zugehörigen
Gemeinden werden also ausgeklammert.

1970 liegt Hamburg mit 157 % vor dem Finanzausgleich an der
Spitze der Bundesländer, gefolgt von Bremen und Baden-Würt-

---

1) 1969 wurden die Beiträge und Zuweisungen noch nicht nach
   FAG berechnet.

T a b e l l e   2 3

Einnahmen der Länder vor und nach dem Finanzausgleich 1970 und 1980 (Einnahmen je Einwohner, in Prozent des Länderdurchschnitts)

| Land | 1970 | | 1980 | |
| | vor Ausgleich §7 Abs.1,2 | nach Ausgleich §10 | vor Ausgleich §7 Abs.1,2 | nach Ausgleich §10 |
	(90)	(91)	(92)	(93)
Schleswig-Holstein	90	99	89	96
Hamburg	157	136	155	129
Niedersachsen	90	96	88	96
Bremen	114	130	116	125
Nordrhein-Westfalen	105	102	101	101
Hessen	109	101	106	102
Rheinland-Pfalz	90	97	93	95
Baden-Württemberg	107	102	103	100
Bayern	96	97	96	97
Saarland	90	105	88	100
Summe	100	100	100	100
Abweichung (Mittel)	14	9	13	7

Quelle: Eigene Berechnungen

temberg. Am unteren Ende der Skala befinden sich mit 90 %
des Länderdurchschnitts der Steuereinnahmen je Einwohner
Schleswig-Holstein, Niedersachsen, Rheinland-Pfalz und das
Saarland. Nach dem Finanzausgleich 1970 liegen alle Flächenstaaten nahe bei 100 %, die Stadtstaaten bei 130 %. Die
Finanzkraft der Hansestadt Hamburg wird von 157 % auf 136 %
gesenkt, die Finanzkraft der Hansestadt Bremen von 114 %
auf 130 % erhöht, damit diese Länder ihre zentralen Funktionen
finanzieren können. Die Abweichung der Länder vom Durchschnitt
(100 %) fällt infolge des Finanzausgleichs von 14 % auf 9 %
im Mittel, eine Kennziffer, welche die ungewollte Streuung
überschätzt.

Welcher Wandel ergibt sich aus der Modellrechnung 1980 gegenüber 1970, wenn wiederum die Steuereinnahmen der Länder
je Einwohner vor und nach dem Finanzausgleich analysiert
werden? An der Spitze der Bundesländer liegen nach wie vor
Hamburg und Bremen, die besonders finanzschwachen Länder
heißen Niedersachsen, Saarland und Schleswig-Holstein. Die
Position vor dem Finanzausgleich wird sich von 1970 bis
1980 für folgende Bundesländer verbessern: Rheinland-Pfalz
und Bremen. Verschlechtern wird sich dagegen die Stellung
dieser Länder: Nordrhein-Westfalen, Baden-Württemberg und
Hessen. Der Finanzausgleich 1980 führt die Flächenstaaten
näher an 100 % und die Stadtstaaten näher an 130 % des Länderdurchschnitts der Steuereinnahmen je Einwohenr. Die
mittlere Abweichung vor Finanzausgleich fällt von 14 % (1970)
auf 13 % (1980), nach Finanzausgleich von 9 % (1970) auf
7 % (1980). Damit zeichnen sich zwei Tendenzen ab: Die Streuung der Steuereinnahmen je Einwohner nimmt im Zeitablauf
ab, 1980 nivelliert der Finanzausgleich stärker als 1970.

3.3. Kritische Bemerkungen zum herrschenden System des Finanzausgleichs.

Das Schwergewicht dieses Abschnitts liegt auf den beiden

ersten Stufen des Finanzausgleichs (zwischen Bund und Ländern,
unter den Ländern), während die Schlüsselzuweisungen eines
Landes an seine Gemeinden eine geringere Rolle spielen. Eine
grundlegende Frage ist, ob der Finanzausgleich notwendiges
Korrektiv oder tragende Säule im Finanzsystem der Bundesrepublik sein soll - der Verfasser neigt zur ersten Inter- ·
pretation, wie im Abschnitt 4 näher begründet wird.

Die Modellrechnung in Abschnitt 3.2. zeigt, daß der Finanzausgleich nicht unkompliziert ist. Offensichtlich wächst die
Gerechtigkeit nicht in dem gleichen Maße wie die Komplexi-
tät dieses Mechanismus, wie die Wirkungsanalyse in Abschnitt
3.2.6. erweist. Die gegenwärtige Regelung ist nicht nur
unnötig aufwendig, sondern auch reich an Schlupflöchern,
gerade wegen der zahlreichen Einzelbestimmungen. An Stelle
eines sukzessiven Aufbaus, bei dem Test auf Test folgt, aber
die letzte Revision den Ausschlag gibt, bietet sich ein
simultanes Vorgehen an, das eher erlaubt, die Wirkungsweise
des Finanzausgleichs in verschiedenen Wirtschaftslagen ab-
zuschätzen.

Eben weil die Stufenfolge des Finanzausgleichs unüberschau-
bar ist, empfiehlt sich eine Simulation für unterschiedliche
Datenkränze. Die Vielzahl der Paragraphen hat nicht die
gleiche Bedeutung für den Finanzausgleich, es ist zu erwarten, daß viele gesetzliche Details auf das Endergebnis über-
haupt nicht durchschlagen, nicht zuletzt, weil ihr Einfluß
durch nachfolgende Revisionen immer mehr gemindert wird.
Da die manuelle Berechnung einer einzigen Variante sich über
Tage erstreckt, ist anzuraten, die Vorschriften in eine
EDV-Anlage zu übertragen, so daß für eine Vielzahl von Varianten die Sensitivität des Finanzausgleichs bestimmt
werden kann.

Der Schätzung des Finanzbedarfs wird der Einwohner zugrunde

gelegt, eine gute Basis. Es kann regionalökonomisch sinnvoll
sein, die Einwohner nach der Größe ihrer Wohngemeinde zu
gewichten, um den zentralen Funktionen der großen Gemeinden
für ihr Umland Rechnung zu tragen. Zu bedenken ist indes,
daß jedes Gewicht an sich willkürlich ist und letztlich für
eine komplexe Bedarfsschätzung steht. In der Literatur ist
vorgeschlagen worden, den Bedarf aus dem Vorjahr zu übertragen. Wird der Finanzbedarf nach den Ausgaben des Vorjahres
bemessen, dann werden die gegenwärtige Verteilung festgeschrieben und bestehende Ungerechtigkeiten perpetuiert.
Einer konkreten Bedarfsschätzung, die danach fragt, wieviel
Schulen oder Krankenhäuser zum Beispiel benötigt werden,
stehen gleichfalls große Hindernisse im Wege. Als Kompromiß
bietet sich ein Bedarfsindex an, in den nicht nur die Bevölkerung, sondern auch andere Kennziffern (Krankenhausbetten je Einwohner usw.) Eingang finden. Die Orientierung
an der Einwohnerzahl trägt der Bevölkerungsbewegung in der
Bundesrepublik Rechung, gleichwohl ist die Gewichtung von
Zeit zu Zeit zu überprüfen.

Zentrale Funktionen werden ausdrücklich im Finanzausgleich
berücksichtigt, was grundsätzlich zu begrüßen ist. Die
Stadtstaaten Hamburg und Bremen finanzieren die Bereitstel-
lung öffentlicher Güter, die auch dem Umland in den Nachbar-
ländern Niedersachsen und Schleswig-Holstein zugute kommen.
Deshalb ist es gerechtfertigt, die Einwohner der Stadt-
staaten bei der Bedarfsermittlung mit 135 % zu gewichten.
Dieses Argument trifft allerdings nicht auf die Wägung der
Gemeindeeinwohner zu - insbesonders wenn von Hamburg und
Bremen abgesehen wird. Für den Finanzausgleich zwischen
einem Land und seinen Gemeinden spielen die überörtlichen
Aufgaben eine Rolle, nicht aber im Finanzausgleich zwischen
Bund und Ländern sowie unter den Ländern. Da die Gemeinden
in Hessen im Durchschnitt größer sind als in Rheinland-
Pfalz, wird jeder Hesse mit 115,1 %, jeder Rheinland-Pfälzer

nur mit 105,1 % gewichtet, der Finanzbedarf des Hessen wird
also vergleichsweise 10 % höher veranschlagt, ohne daß eine
regionalökonomische Begründung dahinter steht. Unzutreffend
ist, daß Hessen vermehrt zentrale Funktionen für die benach-
barten Bundesländer wahrnimmt, eine Erscheinung, die nicht
durch die durchschnittliche Gemeindegröße zu erfassen wäre.
Häufiger findet sich die Behauptung, der "kanalisierte
Bürger" sei teurer als der "nichtkanalisierte", eine Dis-
kriminierung, die nicht mit der Forderung des Grundgesetzes
nach Einheitlichkeit des Lebensverhältnisse zu vereinbaren
ist. Zu bedenken ist, daß in verdichteten Gebieten das
Preisniveau höher liegt, die Unterschiede könnten bisher
allerdings nicht quantifiziert werden, die mittlere Gemeindegröße eignet sich kaum als Maßstab für das Preisniveau
eines Bundeslandes, zumal mit der Verdichtung ein erhöhtes
Bruttoinlandsprodukt einhergeht. Die Gewichtung der Einwohner
nach der Größe der Wohngemeinde taugt also nicht dazu, überörtliche Aufgaben bei der Bedarfsschätzung zu erfassen.

Der Finanzausgleich steht im Spannungsfeld zwischen Leistungsanreiz und Gerechtigkeit. Auf der einen Seite wollen die
Bürger an ihrer Wertschöpfung und dem Äquivalent der damit
verbundenen Steuern partizipieren, zum anderen sollen die
Lebensverhältnisse im Raum gleichwertig sein. Weiter ist
eine Spezialisierung der Teilräume vorstellbar derart, daß
ein Teilraum niedrige Steuern erhebt und wenige öffentliche
Güter bereitstellt, ein anderer Teilraum hingegen hohe Steuern fordert, um viele öffentliche Güter anzubieten. Der
Einwohner kann dann mit den Füßen abstimmen, welche Relation
zwischen öffentlichen und privaten Gütern er vorzieht[1].
Beim herrschenden System des Finanzausgleichs wird das Istaufkommen deutlich nivelliert, so daß eine einschlägige
Spezialisierung schwierig ist. Die regionale Steuerkraft
bietet sich deshalb als alternativer Maßstab an.

---

1)Vgl. C.M. Tiebout, A Pure Theory of Local Expenditures,
   in: JPE, Vol. 64, 1956, S. 416 ff.

Wird einseitig die Einheitlichkeit der Lebensverhältnisse
postuliert, dann ist nicht einzusehen, warum die gemeindliche Steuerkraft nicht voll in die Steuerkraftmeßzahl ein-
fließt. Dabei bleibt sogar die Steuerautonomie der Gemeinden in gewisser Weise erhalten, weil nicht das Istaufkommen,
sondern die Steuerkraft, die um die gemeindlichen Steueran-
spannung korrigiert ist, entscheidet. Weist eine Gemeinde
höhere Hebesätze auf, um vermehrt öffentliche Güter bereit-
zustellen, so hat das keinen Einfluß auf die Steuerkraftmeßzahl des Landes.

Zu den Vorzügen des gegenwärtigen Systems gehört ohne Zwei-
fel die Automatik des Finanzausgleichs, die jährlich wieder-
kehrende Verhandlungen zumindest nicht notwendig macht.
Das Ergebnis ist ein Mehr an Gerechtigkeit, das mit einem
begrenzten Leistungsanreiz verbunden ist.

4. DIE OPTIMALE FINANZAUSSTATTUNG DER GEMEINDEN

4.1. Überblick

Die Finanzausstattung der Gemeinden, die sich aus Steuereinnahmen, Zuweisungen und Schuldenaufnahme zusammensetzt,
darf nicht isoliert, sondern nur vor dem Hintergrund der
Aufgabenverteilung gesehen werden. Der Ausdruck "optimal"
bezieht sich sowohl auf das Niveau als auch auf die Struktur
der Einnahmen. Während die Gemeinden danach streben, die
kommunale Finanzausstattung insgesamt zu steigern, achten der
Bund und die Länder auch auf eine bedarfsgerechte Verteilung
auf die drei Hierarchiestufen. Unter Struktur ist hier vor
allem die Größenstruktur zu verstehen: Wie sind die Aufgaben
und Einnahmen mit der Einwohnerzahl der Gemeinden zu verbin-
den? Da die großen Gemeinden überörtliche Aufgaben wahrnehmen,
ist ihre Finanzausstattung entsprechend zu stärken.

In diesem Zusammenhang ist das Brechtsche Gesetz[1] zu sehen,
das folgende empirische Regelmäßigkeit beschreibt: Die
Staatsausgaben wachsen überproportional zur Einwohnerzahl
der Gebietskörperschaft (Querschnittsanalyse). Brecht ist
allerdings auf der Stufe der Beobachtung stehengeblieben
und hat keine systematische Theorie für diese Erscheinung
geliefert.

Eine einfache Regel für die kommunale Finanzausstattung
könnte lauten: Die Ausgaben und Einnahmen je Einwohner sind
in allen Gemeinden zu egalisieren,um die Einheitlichkeit
der Lebensverhältnisse im Sinne von Artikel 72 des Grundgesetzes in den Teilräumen der Bundesrepublik zu verwirklichen.
Das heißt aber, daß das Angebot an staatlichen Leistungen
in kleinen Landgemeinden demjenigen von Großstädten äquivalent sein soll. Dagegen sprechen allerdings die Theorie
der zentralen Orte, die Economies-of-Scale und Transportkosten berücksichtigt, die allgemein anerkannte Interpretation des Grundgesetzes und nicht zuletzt die Tatsachen.

Da die kommunale Finanzausstattung de facto nach Faustregeln
gesteuert wird, stellt sich die Frage, wie groß die damit
verbundene Verzerrung der Präferenzen ist. Tiebout[2] ant-
wortet, daß diese Gefahr gering ist: Die Bürger stimmen mit
den Füßen ab, indem sie in die Gemeinde ziehen, deren Steu-
er-Leistungs-Verhältnis für sie optimal ist. Gleichwohl er-
übrigen diese Überlegungen nicht, die optimale Finanzausstattung der Gemeinden zu analysieren, man denke nur an
die Kosten der Mobilität. Deshalb wird hier die Theorie der
zentralen Orte skizziert, die eine räumliche Hierarchie der

---

1) A. Brecht, Internationaler Vergleich der öffentlichen
   Ausgaben, in: Grundfragen der internationalen Politik,
   H. 2, Leipzig 1932
2) C.M. Tiebout, A Pure Theory of Local Expenditures, in:
   JPE, Vol. 64, 1956, S.416 ff.

ökonomischen Aktivitäten - und damit auch der Staatstätigkeit begründet.

4.2. Theorie der zentralen Orte

W. Christaller[1] geht davon aus, daß die funktionalen Regionen in Zentrum und Umland gegliedert sind. Das Zentrum versorgt das Umland mit Dienstleistungen, während das Umland
im Austausch disperse Güter wie Agrar- und ausgewählte In-
dustrieprodukte bereitstellt. Die zentralen Güter unterscheiden sich wesentlich in der Entfernung, bis zu welcher die
disperse Bevölkerung ein in einem zentralen Ort angebotenes
Gut noch erwirbt. Die so definierte Reichweite eines zentralen Gutes wird beeinflußt von der wirtschaftlichen Entfernung, dem Preis im zentralen Ort, der Verteilung der
Bevölkerung und des Einkommens und von der sozialen Struktur. Für die Reichweite existiert nicht nur eine obere,
sondern auch eine untere Grenze, die sogenannte "Nachfrageschwelle". Nur wenn die Mindestreichweite überschritten
wird, ist die Nachfrage innerhalb des Marktgebietes groß
genug, um eine rentable Produktion zu ermöglichen. Die Nachfrageschwelle und die Reichweite der zentralen Güter bestimmen die Anzahl, Größe und räumliche Ordnung der zentralen
Orte. Im langfristigen Gleichgewicht sind die Marktgebiete
sechseckig, der Wirtschaftsraum wird also von mehreren Bie-
nenwabenstrukturen überlagert. Was verbindet nun die Reichweite der zentralen Güter und die Hierarchiestufen der zentralen Orte, die empirisch beobachtet werden? Christaller
unterscheidet z.B. vom Reichsort bis zum Hilfsort zehn
Hierarchiestufen.

Werden die zentralen Güter nach abnehmender Reichweite mit

---

1) W. Christaller, Die zentralen Orte in Süddeutschland,
Darmstadt: Wissenschaftliche Buchgesellschaft 1968

1, 2, ... , n indiziert, dann besitzt der zentrale Ort, in
dem das Gut 1 angeboten wird, das größte Marktgebiet; dieser
zentrale Ort soll A-Zentrum heißen[1]. In diesem Ort der
höchsten Hierarchiestufe werden natürlich auch alle Güter
geringerer Reichweite zur Verfügung gestellt. Von der Nachfrageschwelle hängt es ab, wieviele Orte der höchsten Hierarchiestufe existieren. Weiterhin gibt es ein Gut i des tertiären Sektors, für das Lücken zwischen den Marktgebieten
der A-Zentren bestehen; zwischen den Zentren für das Gut 1
liegt eine zusätzliche Nachfrage für das Gut i, die den
Schwellenwert überschreitet und damit weitere zentrale Orte
rechtfertigt, die das Gut i bereitstellen. Die zentralen
Orte der zweithöchsten Hierarchiestufe, deren Gut höchster
Reichweite das Gut i ist, heißen B-Zentren; auch die B-Zentren bieten alle Güter: i, i+1, ... , n geringerer Hierarchie an. In diesem Sinne fortfahrend läßt sich die Rang-
ordnung der Zentren A, B, C, D, ... entwickeln. Die Zentren
einer bestimmten Hierarchiestufe liegen stilisiert im Mittelpunkt von hexagonalen Marktgebieten gleicher Größe, die sich
zu einem Bienenwabenmuster zusammenfügen, um den Raum voll
auszuschöpfen; die Reichweite und die Nachfrageschwelle der
angebotenen Güter bedingen, wie sich diese Marktnetze, die
die Hierarchiestufen charakterisieren, überlagern.

In Abbildung 1 ist ein zentraler Ort der Hierarchiestufe A
dargestellt, der sich selbst und sechs Orte der niedrigeren
Stufe B beliefert.

---

1) Vgl. H.W. Richardson, Elements of Regional Economics,
   Harmondsworth, Penguin, 1969, S. 67 ff.

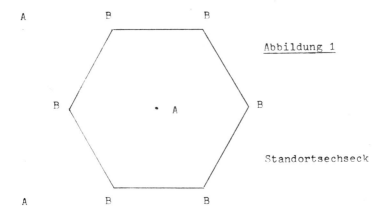

A   B   B

                Abbildung 1

B   •   A   B

                Standortsechseck

A   B   B

Da jeder B-Ort von drei (hier nicht eingezeichneten) A-Orten
anteilig versorgt wird, produziert jedes A-Zentrum für den
Eigenbedarf und $1/3 \cdot 6 = 2$ B-Zentren, insgesamt also für
3 Orte. Weil diese Argumentation auch für Orte gilt, die
tiefer in der Hierarchie stehen, versorgt 1 A-Ort somit
1 A-Ort, 3 B-Orte, 9 C-Orte, 27 D-Orte und so fort.

4.3. Die optimale Zentralisierung[1]

Im Spannungsfeld zwischen Economies-of-Scale und Transportkosten ist also ein optimaler Grad der Zentralisierung zu
bestimmen. Gesetzt den Fall, es gäbe keine Transportkosten,
dann würde zentrale Produktion in einer einzigen Betriebs-
einheit am günstigsten sein, weil so die Vorteile der Mas-
senproduktion voll ausgeschöpft werden. Gibt es umgekehrt

---

1) Vgl. T.H. Tung, Optimal Spatial Patterns of Production
   and Decision Making, in: RSA, PP, Vol. 15, 1965,
   S. 143 - 158

keine Economies-of-Scale, dann erzwingen die unnötigen Transportkosten "Heimarbeit", das heißt dezentralisierte Produktion. Was bedeutet das für die Hierarchie der staatlichen
Aktivitäten?

Auch im Bereich der typischen Gemeindeaufgaben wie Schulunterricht, Gesundheitsdienst, Kulturpflege und Sozialhilfe
existieren interne und externe Ersparnisse, z.B. bei Mit-
telpunktschulen oder Spezialkrankenhäusern. Diesen zentripetalen Kräften wirken die ökonomischen Entfernungen -
Fahrzeit, Fahrtkosten - als zentrifugale Kräfte entgegen.
Dabei werden die staatlichen Leistungen oftmals nicht geliefert, der Bürger geht im Gegenteil zum staatlichen Pro-
duzenten. Durch Dezentralisierung ist der Staat bürgernah,
demokratische Mitwirkung bei staatlichen Entscheidungen
wird erleichtert.

Das Zusammenwirken der Kräfte, welche die Konzentration
fördern oder hemmen, wird in den folgenden Graphiken erläutert. In Abbildung 2 sind die Stückkosten der Produktion k_p in Abhängigkeit von der erzeugten Menge x
angegeben [1]. Die Transportkosten k_t je Produktionseinheit x
steigen mit der Ausbringungsmenge, weil bei Zentralisierung
die belieferte Region wächst (Abbildung 3) [2]. Werden diese
beiden Einflußgrößen zusammengefaßt, dann liegt im resul-
tierenden Minimum der totalen Stückkosten k die optimale
Produktionsmenge x^* (Abbildung 4). Mit der optimalen Produktionsmenge ist ein Marktgebiet verbunden, dessen Größe
den Grad der Zentralisierung kennzeichnet.

Der Verfasser verkennt nicht die großen Probleme, die mit
einer sinnvollen Schätzung dieser Funktionen einhergehen.

---

1) Wegen negativer externer und interner Effekte ist der
   Verlauf u-förmig.
2) Mit der Zentralisierung der staatlichen Aktivität wird
   die Produktion bürgerferner, was als Quasi-Transport-
   kosten zu bewerten ist.

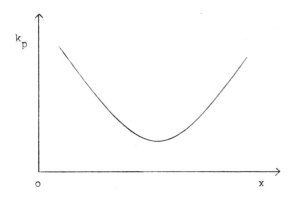

Abbildung 2

Produktionsmenge und Stückkosten der Produktion

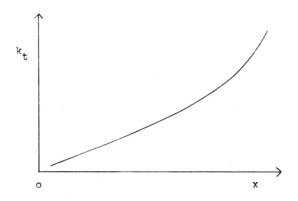

Abbildung 3

Produktionsmenge und Stückkosten des Transports

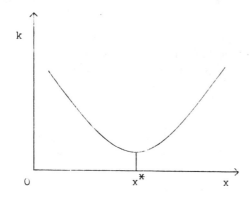

Abbildung 4

Produktionsmenge und totale Stückkosten

4.4. Die Rank-Size-Rule

Ist die im vorhergehenden Abschnitt diskutierte Hierarchie
der Gemeinden regelmäßig? Wählt man als Maß für die ökonomische Aktivität der Gemeinden im Ranggefüge die Einwohnerzahl, dann zeigt sich, daß die Bevölkerungsgröße fest mit
dem Rang der betreffenden Gemeinde (Stadt) verbunden ist .
In erster Annäherung gilt das Auerbachsche Gesetz[1] (Rank-
Size-Rule): Die Einwohnerzahl E einer Stadt ist ihrem Rang
R umgekehrt proportional[2].

---

1) F. Auerbach, Das Gesetz der Bevölkerungskonzentration,
   in: Petermann's Mitteilungen, 59. Jg., 1 Hbd., Gotha
   1913, S. 74 ff.
2) Das Bestimmtheitsmaß wird mit r^2, der Rang mit R bezeichnet.

$$E \sim \frac{1}{R} \qquad (29)$$

In leicht abgewandelter Form hat sich die Rank-Size-Rule
in verschiedenen Kulturkreisen und Epochen gut bestätigt:

$$E = \frac{c}{R^a} \qquad (30)$$

Es ist leicht einzusehen, daß die Konstante c der erwar-
teten Einwohnerzahl der größten Stadt (mit dem Rang 1) entspricht. Für die Bundesrepublik Deutschland 1972 hat der
Verfasser geschätzt:

$$E = \frac{3.300.000}{R^{0,84}} \qquad (31)$$

Die dergestalt eingepaßte Rank-Size-Rule erklärt über 99 %
der Gesamtstreuung. Wird weiter unterstellt, daß die staatliche Aktivität A (ausgedrückt in den Ausgaben oder Einnahmen) unmittelbar durch den Rang der Stadt determiniert
wird, den ja die Zentralität einer Stadt prägt, dann gilt:

$$A \sim \frac{1}{R} \qquad (32)$$

Aus den Gleichungen 31 und 32 ergibt sich, wie die staatliche
Aktivität mit zunehmender Einwohnerzahl der Gebietskörperschaft wächst:

$$A \sim E^{1,19} \qquad (33)$$

Zu vermuten ist also: Die staatliche Aktivität steigt überproportional zur Bevölkerung, besitzt eine Gemeinde 1 % mehr
Einwohner, so ist die staatliche Aktivität um 1,19 % grö-

ßer, weil mehr Leistungen für kleinere Nachbargemeinden
bereitgestellt werden müssen. Wird in Gleichung 33 für
E = 1 gesetzt, dann ergibt sich die staatliche Aktivität
für die fiktive Gemeinde, die aus einer Person besteht.

4.5. Die kommunale Aktivität in der Hierarchie der zentralen Orte

Der Nutzen[1], den ein Gemeindebürger (Unternehmen) aus der
kommunalen Aktivität zieht, stammt nicht nur aus den Leistungen der Wohngemeinde, sondern auch aus den Aktivitäten der
Nachbargemeinden. Wegen der Economies-of-Scale fließt per
saldo ein Leistungs- und Nutzenstrom von den großen Gemeinden, die überörtliche Aufgaben erfüllen, zu den kleinen
Gemeinden, die auf die zentralen Orte angewiesen sind. Daraus kann gefolgert werden: Es ist nicht optimal, wenn in
allen Gemeinden i die Ausgaben pro Kopf gleich hoch sind.
Bedarfsgerecht ist es dagegen, wenn der Nutzen U_i, den die
Bürger aus den kommunalen Aktivitäten A_i ziehen, möglichst
gering im Raum streut. Dieser Nutzen in Gemeinde i schwächt
sich mit zunehmender Entfernung d_{ij} von der Leistungsgemein-
de j ab. Ist die Differenz der Einwohnerzahlen $E_j - E_i$
größer als Null, dann gibt Ort j als relatives Zentrum
Leistungen an Ort i ab. Ist diese Differenz negativ, dann
empfängt Gemeinde j Leistungen von Gemeinde i, so daß der
Nutzen in Gemeinde i abnimmt. Formal mag dieser Zusammenhang lauten:

$$U_i \sim \sum_{j=1}^{n} \frac{A_j}{d_{ij}^a} \quad , \; d_{ii} \neq 0 \qquad (34)$$

---

1) im weiten Sinn der Kosten-Nutzen-Analyse

Der Nutzen je Einwohner soll groß, seine kommunale Streuung gering und ein Mindestwert gewährleistet sein. Welche Konsequenzen ergeben sich aus diesem Sachverhalt für die räumliche Allokation der kommunalen Ausgaben und Einnahmen?

Um die Argumentation klarer zu gestalten, wird von der distributiven und kompensatorischen[1] Funktion der gemeindlichen Aktivität abstrahiert. Die Relation von Ausgaben und Steuern ist dann asymmetrisch: Die Ausgaben sollen konzentriert werden, um die potentiellen Skaleneffekte auszuschöpfen. Die Besteuerung ist nicht an der räumlichen Verteilung der Ausgaben, sondern an dem Ausgabenpotential Gleichung (34) zu orientieren. Erfolgt die Besteuerung somit nach dem gleichmäßiger verteilten Nutzen, dann ist sie im Gegensatz zu den kommunalen Staatsausgaben dezentralisiert. Wird die abweichende Verkehrsgunst vernachlässigt, dann folgt als Extrem die Kopfsteuer.

An dieser Stelle greift der Finanzausgleich ein, um die unterschiedlichen Steuereinnahmen zu korrigieren. Die Asymmetrie von Ausgaben und Steuereinnahmen bedingt, daß die dispersen Gemeinden Ausgleichszahlungen an die zentralen Gemeinden leisten, die damit ihre Ausgaben bestreiten. Die Besteuerung in den kleinen Gemeinden soll sich also nicht nach den lokalen Ausgaben, sondern nach dem lokalen Nutzen richten, der im Regelfall größer ist, so daß aus der Differenz der Finanzausgleich finanziert werden kann. Nicht nur im Verhältnis von Zentrum und Hinterland, sondern auch zwischen Wachstumszonen und Problemräumen ist der Finanzausgleich ein notwendiges Korrektiv. Er sollte vor allem die Unterschiede in der Steuerkraft kompensieren, nicht in der Wirtschaftskraft, das ist die Aufgabe der Wirtschaftspolitik, nicht in dem Istaufkommen, die Hebesatzautonomie wird dadurch zunichte gemacht. Aus diesem Grunde auch, um den Gemeinden eine selbständige Haushaltsführung zu erlauben,

---

1) Stabilitätspolitisch

sollen die Steuern die tragende Säule der Kommunalfinanzen
sein, eine Qualität, die dem Finanzausgleich nicht zukommt.

Die Schuldenaufnahme als dritte große Quelle der Gemeindeeinnahmen eignet sich weder als Fundament noch als Ausgleich
für mangelnde Steuerkraft. Sie soll vielmehr der Finanzierung
von langlebigen Investitionsgütern dienen, die auch künftigen Generationen zugute kommen.

5. DIE AUSWIRKUNGEN DER GEMEINDEFINANZREFORM IM INTERKOMMU-
   NALEN VERGLEICH

5.1. Die Datenbasis

5.1.1. Überblick

Im 2. Abschnitt wurde die Entwicklung der kommunalen Finanzausstattung und die räumliche Streuung der Einnahmen skizziert. Hier soll der interkommunale Vergleich im Vordergrund stehen, wobei nicht das grobe Raster von Größenklassen wie dort benutzt wird. Zunächst wird dazu die Datenbasis erörtert, die das Fundament für die empirische Studie
bildet. Dann wird die interkommunale Variation der Ausgaben
und Einnahmen vor und nach der Gemeindefinanzreform untersucht, so daß die Auswirkungen dieser Maßnahmen beurteilt
werden können. Ein weiterer Problembereich ist der Zusammenhang zwischen den Einnahmen, Ausgaben und ihren Bestimmungs-
gründen. Als wesentliches Ergebnis kristallisiert sich heraus,
daß die kommunalen Aktivitäten gesetzmäßig zentralisiert
sind. Darauf wird die regionale Versorgung mit den öffentlichen Gütern analysiert, die von den Großstädten bereitgestellt werden. Abschließend werden die Überlegungen zum
optimalen Finanzausgleich in Modellform gebracht.

5.1.2. Die Vergleichsjahre 1968 und 1972

Als Periode vor der Gemeindefinanzreform 1970 wird das
Jahr 1968 gewählt[1], weil die Planung dieses Gesetzgebungs-
werks 1969 zu Reaktionen der Gemeinden und ihrer Bürger
geführt hat. So hatten die Gemeinden dazu aufgerufen, 1969
möglichst hohe Vorauszahlungen zu leisten, da von 1970 an die
betreffenden Einnahmen den Unternehmen nicht im alten Um-
fang zugute kamen. Als Periode nach der Reform 1970 wird
das Jahr 1972 herangezogen, weil 1975 die neuesten Unterla-
gen[2] über die kommunalen Finanzen sich auf diese Periode
erstrecken. Die Änderungen, die schon 1970 und 1971 galten,
haben 1972 zu einer Normalisierung der kommunalen Ein-
nahmesituation geführt.

Gleichzeitig ist die Gebietsreform durchgeführt worden,
in deren Verlauf die Zahl der Gemeinden und Kreise deutlich
verringert wurde. Deshalb könnte vermutet werden, daß die
Auswirkungen der Finanzreform 1970 von störenden Einflüssen
überlagert werden. Sind allerdings alle Gemeinden gleichermaßen von der Finanzreform erfaßt, dann spielt die Gebietsreform dabei keine Rolle. Zudem zeigt sich, daß vor allem
die kleinsten Gemeinden zusammengelegt werden, während in
dieser Studie nur die Groß- und Mittelstädte betrachtet
werden. Die Bevölkerung dieser Städte, deren Einwohnerzahl
20.000 übersteigt, wächst trotz Gebietsreform nur geringfügig von 3o Mio. Einwohnern 1968 auf 32 Mio. Einwohner
1972, was vornehmlich auf das allgemeine Bevölkerungswachs-
tum und die Wanderung in die Mittelzentren zurückzuführen
ist.

---

1) Statistisches Jahrbuch Deutscher Gemeinden 1970,
   Hg. Deutscher Städtetag, Braunschweig: Waisenhaus 1970
2) Statistisches Jahrbuch Deutscher Gemeinden 1974, Hg.
   Deutscher Städtetag, Köln: Bachem 1974

5.1.3. Die untersuchten Gemeinden

Auch wenn sich die Zahl der Gemeinden von 1968 (23.000)
bis 1973 (14.000) verringert hat, ist der Datenaufwand für
eine Vollerhebung prohibitiv, zumal das erforderliche Material nicht vollständig veröffentlicht wird. Als Lösung
bietet sich deshalb an, eine Auswahl von Kommunen zu untersuchen, die sich auf die großen Gemeinden (Städte) konzentriert, auf die auch die Masse der Einwohner und Ausgaben
entfällt.

1968 wurden aus den 315 Gemeinden, deren Einwohnerzahl
20.000 übersteigt, 116 ausgewählt. Vollständig erfaßt wurden
die Großstädte mit Ausnahme der Stadtstaaten Berlin, Hamburg und Bremen, bedingt durch deren besondere Situation
(58 Städte hatten mehr als 100.000 Einwohner)[1]. Unter den
Gemeinden, deren Einwohnerzahl zwischen 20.000 und 100.000
liegt, wurde eine Zufallsauswahl getroffen. Die 116 ausgewählten Städte, in denen 1968 18,2 Millionen Menschen
wohnen, sind im Anhang A 15 aufgeführt.

Für die Analyse 1972 werden aus den 407 Kommunen, deren
Einwohnerzahl 20.000 überschreitet, 126 ausgewählt. Wiederum
werden die Großstädte (Bevölkerung größer als 100.000)
vollständig berücksichtigt, mit Ausnahme der Stadtstaaten
Berlin, Hamburg und Bremen (s.o.). Einschließlich der Zu-
fallsstichprobe aus den Mittelstädten, deren Einwohnerzahl
zwischen 20.000 und 100.000 liegt, werden 126 Städte mit
insgesamt 18,8 Millionen Einwohnern untersucht (Vgl. Anhang
A 16)

---

1) Die Angaben für Saarbrücken sind lückenhaft

- 92 -

5.1.4. Kommunale Ausgaben

In den Statistischen Jahrbüchern Deutscher Gemeinden[1] werden
die Ausgaben der Verwaltungszweige (ordentlicher und außerordent-
licher Haushalt) aufgeschlüsselt in Allgemeine und Finanzverwaltung, Polizei und öffentliche Ordnung (abgekürzt Verwaltung),
Schulwesen, Kulturpflege (zum Beispiel Theater, Orchester, Museer
Soziale Angelegenheiten (zum Beispiel Kindergärten, Altenheime),
Gesundheitspflege (zum Beispiel Krankenhäuser), Bau- und Wohnungswesen sowie öffentliche Einrichtungen und Wirtschaftsförderu
Davon getrennt werden die Gebührenhaushalte, die Investitionsausgaben und der Schuldendienst betrachtet.

In Tabelle 24 sind die Anteile der Verwaltungszweige an den
Kommunalausgaben 1968 und 1972 einander gegenübergestellt.
Den größten Anteil besitzen die Ausgaben für die Verwaltung,
für Bau- und Wohnungswesen, für öffentliche Einrichtungen und
Wirtschaftsförderung sowie für das Schulwesen. Gestiegen sind
die relativen Ausgaben für das Gesundheitswesen, die Verwaltung
und den Schulunterricht, gesunken ist dagegen der Anteil der
Sozial-, Kultur- und Bauausgaben.

5.1.5. Kommunale Einnahmen

Die kommunalen Einnahmen lassen sich, wie schon im zweiten
Abschnitt behandelt, systematisch gliedern in Allgemeine
und Spezielle Deckungsmittel. Aus Tabelle 25 ist die Taxo-
nomie der Gemeindeeinnahmen, die Bedeutung ihrer Komponenten
und deren Wandel von 1968 bis 1972 ersichtlich. Ein Drittel
der kommunalen Einnahmen stammt aus der Gewerbesteuer, je

---

1) z.B. Statistisches Jahrbuch Deutscher Gemeinden 1974,
   Hg. Deutscher Städtetag, Köln: Bachem 1974

T a b e l l e   24

Anteil der Verwaltungszweige an den Kommunalausgaben [1]
in der Bundesrepublik Deutschland 1968 und 1972

Art der Ausgaben	Anteil	
	1968	1972
Allgemeine und Finanzverwaltung,		
Polizei und öff. Ordnung	25,9	26,8
Schulwesen	13,0	13,3
Kulturpflege	3,5	3,2
Soziale Angelegenheiten	12,8	10,8
Gesundheitsdienst	9,9	10,7
Bau- und Wohnungswesen	18,5	17,4
Öffentl. Einrichtungen,		
Wirtschaftsförderung	16,4	17,8
Summe	100,0	100,0
davon Gebührenhaushalt	8,0	9,0
Investitionen	32,8	33,7

Quellen: Eigene Berechnungen

Statistisches Jahrbuch Deutscher Gemeinden 1970,
Hg. Deutscher Städtetag, Braunschweig: Waisenhaus
1970

Statistisches Jahrbuch Deutscher Gemeinden 1974,
Hg. Deutscher Städtetag, Köln: Bachem 1974

---

1) alle Groß- und Mittelstädte

T a b e l l e   2 5

Die Komponenten der Gemeindeeinnahmen[1] der Bundesrepublik Deutschland 1968 und 1972 (in Prozent der Gesamteinnahmen)

Einnahmeart	1968	1972
(1) Grundsteuer B	6,1	5,2
(2) GewerbeSt Frtrag, Kapital	32,7	29,2
(3) Lohnsummensteuer	4,0	5,9
(4) Gemeindeanteil ESt	0	18,7
(5) Gewerbesteuerumlage	0	11,3
(6) Schlüsselzuweisungen	6,4	6,6
(7) Zuweisungen für Auftr.	1,7	1,6
(8) Zweckzuweisungen	18,1	13,8
(9) Schuldenaufnahme	14,1	17,1
(10) Gebühreneinnahmen	7,2	6,8
(11) Einnahmen aus Finanzinv.	9,7	6,3
(12) Einnahmen insgesamt	100,0	100,0
(13) Steuereinnahmen (1)+(2)+(3)+(4)-(5)	42,8	47,7
(14) Allgem. Zuweis. (6)+(7)	8,1	8,2
(15) Spez. Deckungsmittel (8)+ ... +(11)	49,1	44,0
Einnahmen insgesamt	100,0	100,0

Quellen: Eigene Berechnungen

Statistisches Jahrbuch Deutscher Gemeinden 1970,
Hg. Deutscher Städtetag, Braunschweig: Waisenhaus
1970
Statistisches Jahrbuch Deutscher Gemeinden 1974,
Hg. Deutscher Städtetag, Köln: Bachem 1974

----

1) alle Groß- und Mittelstädte

weils ein Viertel aus den Zweckzuweisungen und der Schuldenaufnahme. Die Bedeutung der Gewerbesteuer ist indes erheblich zurückgegangen, da von den Einnahmen nach Ertrag und
Kapital 39 % an den Bund und die Länder abgeführt werden.
Zum Ausgleich werden die Gemeinden seit 1970 an der Einkommensteuer beteiligt, deren Anteil deshalb 1968 0 % und
1972 18,7 % beträgt, womit sich der Gemeindeanteil an der
Einkommensteuer 1972 als zweitwichtigste Einnahmequelle erweist. Zugenommen hat die Bedeutung der Schuldenaufnahme
und der Lohnsummensteuer, abgenommen hat der Einfluß der
Zweckzuweisungen, der Einnahmen aus Finanzinvestitionen und
der Grundsteuer B. Infolgedessen hat sich der Anteil der
Steuereinnahmen und damit auch der Allgemeinen Deckungsmittel ausgeweitet, während der Anteil der Speziellen Deckungsmittel geschrumpft ist.

Als Maß für die sozioökonomische Aktivität einer Gemeinde
wird die Einwohnerzahl verwandt, gemessen am 31.12.1968
und 1972.

5.2. Relative Streuung der kommunalen Ausgaben und Ein-
nahmen je Einwohner

5.2.1. Variation der Gemeindeausgaben

Als vergleichbares Maß der Streuung wurde im 2. Abschnitt
das Verhältnis von Standardabweichung zu Mittelwert vor-
gestellt, der Variationskoeffizient der Werte x_i :

$$v = \frac{1}{n} \sum_{i=1}^{n} (x_i - \bar{x})^2 / \bar{x} \qquad (35)$$

mit Mittelwert

$$\overline{x} = \frac{1}{n} \sum_{i=1}^{n} x_i \qquad (16)$$

Die Werte dieses Streuungsmaßes für die einzelnen kommunalen
Ausgaben sind in Tabelle 26 aufgeführt. Der Variationskoeffizient der Verwaltungsausgaben z.B. beträgt 1972 0,35,
d.h. die Verwaltungsausgaben streuen durchschnittlich
± 35 Prozent um den Mittelwert. Wären die Verwaltungsausgaben pro Kopf in den ausgewählten 126 Groß- und Mittelstädten
konstant, dann würde der Variationskoeffizient gleich Null
sein. Ein Vergleich der Zahlen in Tabelle 26 zeigt, welche
Ausgabenkomponenten stärker im Raum streuen[1]. Am stärksten
schwanken die Gesundheitsausgaben, gefolgt von den Kultur-
und Sozialausgaben. Relativ gering variieren die Ausgaben
für öffentliche Einrichtungen und Wirtschaftsförderung, Verwaltung, Investitionen und Schule.

Auffällig ist, daß die Gesamtausgaben mit 0,26 den geringsten
Variationskoeffizienten aufweisen und somit deutlich unter
dem arithmetischen Mittel von 0,46 liegen. Diese Erscheinung
ist wohl darauf zurückzuführen, daß sich die Gemeinden auf
gewisse zentrale Funktionen (Gesundheit, Kultur, Soziales)
spezialisieren, in den fundamentalen Funktionen (Verwaltung,
Schule) hingegen übereinstimmen. Die Vermutung, daß die
überörtlichen Aufgaben einander kompensieren, wird weiter
verfolgt.

5.2.2. Variation der Gemeindeeinnahmen

Zunächst soll die Variation in 1972 im Querschnitt analy-

---

1) Explizit wird die räumliche Ordnung der Bundesrepublik
   in Abschnitt 5.6. erfaßt.

T a b e l l e   26

Der Variationskoeffizient der kommunalen Ausgaben je Einwohner
in der Bundesrepublik Deutschland 1972
(Ausgewählte Gemeinden)

Art der Ausgaben	1972
Allgemeine und Finanzverwaltung,	
Polizei und öff. Ordnung	0,35
Schulwesen	0,40
Kulturpflege	0,75
Soziale Angelegenheiten	0,54
Gesundheitsdienst	1,0
Bau- und Wohnungswesen	0,37
Öffentl. Einrichtungen,	
Wirtschaftsförderung	0,31
Durchschnitt der Koeffizienten, gewichtet	0,46
Gesamtausgaben	0,26
davon Gebührenhaushalt	0,41
Investitionen	0,34
Schuldendienst	0,50

Quellen: Eigene Berechnungen
Statistisches Jahrbuch Deutscher Gemeinden 1974,
Hg. Deutscher Städtetag, Köln: Bachem 1974

siert werden, um daran den Zeitvergleich 1968 / 1972 anzu-
schließen[1]. Unter den Gemeindesteuern streut die Lohnsummensteuer am kräftigsten, was nicht zuletzt daran liegt, daß
diese Steuer in vielen Gemeinden gar nicht erhoben wird;
z.B. wird in der größten Stadt, die in diese Analyse Eingang
findet (München), keine Lohnsummensteuer gefordert. Die
Gewerbesteuer auf Ertrag und Kapital variiert stark mit dem
Industriebesatz der Gemeinde. Den geringsten Variationskoeffizienten besitzen die Grundsteuer B und der Gemeindeanteil an der Einkommensteuer, eine Qualität, die die genannten Steuern als Gemeindesteuern empfiehlt: Falls der
Gemeindebürger im Mittelpunkt der kommunalen Aufgaben steht,
ist eine starke Varianz der Einnahmen ungerechtfertigt. Die
Grundsteuer B ist in den Großstädten ertragreicher, die
durch hohe Bodenwerte ausgezeichnet sind. Darüber hinaus
hat die Grundsteuer A auf land- und forstwirtschaftlichem
Besitz, die hier nicht berücksichtigt ist, eine ausgleichende Tendenz. Den Gemeindeanteil an der Einkommensteuer erhalten die Kommunen im Austausch gegen die Gewerbesteuerumlage. Die Gewerbesteuerumlage streut ungefähr doppelt
so stark wie der Gemeindeanteil an der Einkommensteuer,
so daß Unterschiede in der kommunalen Finanzausstattung
ausgeglichen werden. Die Umlage schwankt nicht im gleichen
Maße wie die Gewerbesteuer, weil die unterschiedliche Be-
lastung berücksichtigt wird. Aus dem Zusammenwirken der
Gemeindesteuern (auch der hier nicht genannten) resultiert
der Koeffizient 0,32, der vergleichsweise niedrig ist.

Die Schlüsselzuweisungen und die Zuweisungen für Auftragsangelegenheiten, die die Finanzkraft bedarfsgerecht stärken
sollen, schwanken kräftiger, weil sie vornehmlich in die
steuerschwache Gebiete fließen. Das Zusammenwirken von

---

1) Vgl. Tabelle 27

T a b e l l e   2 7

Der Variationskoeffizient der kommunalen Einnahmen je
Einwohner in der Bundesrepublik Deutschland 1968 und 1972
(Ausgewählte Gemeinden)

Art der Einnahmen	1968	1972
(1) Grundsteuer B	0,27	0,28
(2) Gewerbesteuer Ertrag, Kapital	0,51	0,53
(3) Lohnsummensteuer	1,1	1,1
(4) Gemeindeanteil ESt		0,21
(5) Gewerbesteuerumlage		0,43
(6) Schlüsselzuweisungen	0,86	0,67
(7) Zuweisungen für Auftr.		0,69
(8) Zweckzuweisungen		0,57
(9) Schuldenaufnahme	0,70	0,67
(10) Gebühreneinnahmen		0,33
(11) Einn. aus Finanzinvestitionen		0,59
(12) Steuereinnahmen (1)+(2)+(3)+(4)-(5)	0,39	0,32
(13) Allgem. Deckungsmittel (12)+(6)+(7)	0,25	0,22
(14) Spez. Deckungsmittel (8)+ ... +(11)	0,35	0,36
(15) Einnahmen insgesamt (1)+ ... + (11)	0,27	0,26
(16) Realsteueraufbringungskraft		0,42
(17) Realsteuerkraft GrundSt B		0,24
(18) Realsteuerkraft Gewerbesteuer		0,47
(19) Schulden		0,52

Quellen:Eigene Berechnungen
        Statistisches Jahrbuch Deutscher Gemeinden 1970,
        Hg. Deutscher Städtetag, Braunschweig: Waisenhaus 1970
        Statistisches Jahrbuch Deutscher Gemeinden 1974,
        Hg. Deutscher Städtetag, Köln: Bachem 1974

Steuereinnahmen und Allgemeinen Zuweisungen bestätigt dies:
Die Streuung sinkt von 0,32 und 0,54 auf 0,22, nach der
Korrektur durch die Allgemeinen Zuweisungen ist die kommunale Finanzausstattung (Allgemeine Deckungsmittel) gleichmäßiger.

Auch die Komponenten der Speziellen Deckungsmittel zeigen
gegenläufige Tendenzen. Wie zu erwarten ist, ist die Streuung der Gebühreneinnahmen gering. Die Schuldenaufnahme
schwankt stärker, vor allem großstädtische und finanzschwache
Gemeinden finanzieren ihre Ausgaben aus dieser Quelle.

Aus der Summe der Allgemeinen (0,22) und Speziellen
Deckungsmittel (o,36) ergeben sich die Einnahmen insgesamt,
die mit 0,26 per definitionem genauso stark streuen wie die
Ausgaben.

Das Material zur Realsteuerkraft verändert das gezeichnete
Bild nicht entscheidend. Das relative Streuungsmaß für die
Realsteuerkraft und die Realsteueraufbringungskraft liegt
in der Größenordnung, die der Gewerbesteuerumlage zueigen
ist; in diesen drei Fällen sind die variierenden Hebesätze
herausgerechnet. Analog ist der Variationskoeffizient der
Realsteuerkraft B geringer als derjenige des Istaufkommens.
Der Schuldenstand je Einwohner schwankt weniger als die
Schuldenaufnahme je Einwohner, weil diese Stromgröße im
Zeitverlauf unregelmäßiger ist.

Die Streuungsmaße in 1968 bestätigen den Eindruck, der für
1972 gewonnen wurde. Während die "tragenden Säulen" der
Gemeindefinanzen, die Gewerbesteuer und die Grundsteuer
stärker schwanken, hat im Gefolge der Gemeindefinanzreform die Variation aller Steuern von 0,39 auf 0,32 abgenommen. Auch nach Korrektur durch die Allgemeinen Zuweisungen
ist die Streuung 1972 geringer als 1968. Werden alle Kom-

ponenten der kommunalen Finanzausstattung addiert, dann darf
mit Recht gesagt werden: Die Verteilung der Einnahmen ist
gleichmäßiger geworden. Der Terminus "bedarfsgerecht" muß
indes mit Vorsicht benutzt werden. Bedarfsgerecht ist es
nicht, wenn die Ausstattung je Einwohner in allen Gemeinden
gleich hoch ist, da einige Gemeinden überörtliche Funktionen für ihre Nachbarn übernehmen. Dieses Problem wird in
Abschnitt 5.4. genauer behandelt. Nachdem die Streuung
von Ausgaben und Einnahmen isoliert betrachtet worden ist,
wird im folgenden Abschnitt die Kovariation dieser Größen
beleuchtet.

5.3. Determinanten der kommunalen Aktivität

Die erste Frage, die sich hier aufdrängt, ist: Wie ändern
sich die Ausgaben und Einnahmen je Einwohner mit der Größe
der Gemeinde? Da diese Studie zu dem Ergebnis kommt, daß
die kommunalen Aktivitäten gesetzmäßig zentralisiert sind,
sollen hier keine einfachen Korrelationen erörtert werden,
vielmehr bleibt diese Frage dem Abschnitt 5.4. vorbehalten.

Ein weiteres Problem ist die Beteiligung der Gemeinden
an der Einkommensteuer. Für 1972 gilt, daß die Einkommensteuer (Gemeindeanteil) positiv mit der Gewerbesteuer korreliert ist (r = + 0,50)[1], durch die Gewerbesteuerumlage
und den Gemeindeanteil wird also nicht korrigiert, sondern
nur eine gleichmäßigere Basis geschaffen.[2] Bestimmungsge-
mäß wächst der Gemeindeanteil an der Einkommensteuer mit den
Gemeindeausgaben, wenn dieser Zusammenhang auch nicht allzu
stramm ist (r = + 0,54). Als aktuell konkurrierende Einnahmequellen stehen sich die Gewerbesteuer, die Beteiligung
an der Einkommensteuer und die Schuldenaufnahme gegenüber.
Doch auch der Gemeindeanteil (ESt) und die Schuldenaufnahme
variieren nicht negativ miteinander (r = + 0,33), was vermutlich darauf zurückzuführen ist, daß zentrale Gemeinden

---

1) Korrelationskoeffizient
2) Die kommunale Aktivität ist wieder auf die Bevölkerung
   normiert.

mit ihren überörtlichen Funktionen für alle Quellen höhere
Einnahmen je Einwohner bedingen (tendenziell). Allerdings
ist die Schuldenaufnahme negativ mit den Schlüsselzuweisungen korreliert, reicht die Schlüsselzuweisung nicht aus,
so sind die Gemeinden gezwungen, Schulden zu machen
(r = - 0,30). Die Schlüsselzuweisungen ihrerseits haben zuvor
schon die Verteilung der Einkommensteuer korrigiert (r = - 0,45).
Die Schlüsselzuweisungen sind Antagonisten der Steuereinnahmen insgesamt (r = - 0,54), während die Zuweisungen für
Auftragsangelegenheiten neutral sind (r = - 0,01). Die Schuldenaufnahme verläuft nicht konträr zu den Steuereinnahmen
(r = + 0,26), sie wird de jure und de facto von den Investitionsausgaben beeinflußt (r = + 0,60).

Die Summe der Löhne und Gehälter je Einwohner spielt eine
Rolle für die Einnahmen aus der Einkommensteuer (Gemeindeanteil) (r = + 0,49) und aus der Lohnsummensteuer (r = + 0,23)
je Einwohner.Wenn nicht auf die Bevölkerung der Stadt normiert wird, ist diese Korrelation eo ipso erheblich höher.
Der Zusammenhang mit der Lohnsummensteuer ist deshalb
schwächer ausgeprägt, weil diese nicht in allen Gemeinden
eingeführt ist. Obwohl die Gebühreneinnahmen zweckgebunden
sind, fällt die Bindung an die Ausgaben aus dem Gebührenhaushalt vergleichsweise schwach aus (r = + 0,53).

Die Realsteuerkraft für die Grundsteuer B (Haus- und Grundbesitz) wird von mehreren Größen beeinflußt, die zusammen 37 % der Streuung erklären. Da bei der Realsteuerkraft die abweichenden Hebesätze herausgerechnet sind, spie-
geln sich in dieser Kennziffer vor allem die Grundstückspreise. Die Realsteuerkraft für die Grundsteuer B je Einwohner
hängt ab von der Einwohnerzahl, von der Bevölkerungsdichte,
in der auch das Flächenangebot zum Ausdruck kommt, von der
Summe der Löhne und Gehälter je Beschäftigten, die die
kaufkräftige Nachfrage bilden, von der Anzahl der Wohnungen

je Einwohner und von dem Anteil·der Beschäftigten in der Abteilung Kredit und Versicherungen an den Beschäftigten insgesamt, zwei Größen, mit deren Hilfe die Intensität der Boden-
nutzung beschrieben wird.

Die Realsteuerkraft für die Gewerbesteuer nach Ertrag und
Kapital je Einwohner wird von folgenden Variablen beeinflußt: Lohn- und Gehaltssumme je Beschäftigten als Indikator
für die Produktivität, Beschäftigte in der Abteilung verarbeitendes Gewerbe, bezogen auf alle Beschäftigten, als
Kennziffer für den Industriebesatz und Bevölkerung als Maß
für die Größe der Gemeinde (Erklärungsgrad 47 Prozent).

Die Verwaltungsausgaben variieren positiv mit den Gesamtausgaben (r = + 0,72), einerseits, weil die Gemeinden in
den damit verbundenen Funktionen nicht spezialisiert sind,
zum anderen, weil jede kommunale Staatstätigkeit Verwaltung
erfordert. Der Zusammenhang zwischen den Schulausgaben je
Einwohner und der Zahl der Schüler je Einwohner ist überraschend lose (r = + 0,24).

Die geschilderten Zusammenhänge werden - abgesehen von dem
Gemeindeanteil an der Einkommensteuer und der Gewerbesteuerumlage - durch die Analyse 1968 untermauert.

5.4. Bevölkerung und gemeindliche Staatstätigkeit

Aus der Rank-Size-Rule kann die Hypothese abgeleitet werden,
daß die Größe einer Gemeinde, ausgedrückt in der Einwohnerzahl, einen entscheidenden Einfluß auf das Ausmaß der Staatstätigkeit in dieser Gemeinde ausübt[1]. Es könnte vermutet
werden, daß die Staatsausgaben als Indikator für die kom-

---

1) Vgl. Abschnitt 4.4.

munale Aktivität im Querschnitt langsamer wachsen als die
Bevölkerung. Werden zwei Städte verglichen, deren eine,
gemessen an der Bevölkerung, 1 % größer ist, dann wäre
deren Staatstätigkeit höchstens um 1 % größer, weil
Economies-of-Scale eintreten und das Hinterland vergleichsweise kleiner ist. Die Regionalwissenschaft hat indes
belegt, daß die Skaleneffekte allenfalls schwach sind[1]
daß vermehrt Transportkosten anfallen und, nicht zuletzt,
daß das Hinterland stark mit der Größe des Zentrums variiert. Die kommunale Aktivität nimmt intensiv und exten-
siv mit der Bevölkerung zu, in dem Sinne, daß nicht nur
die Intensität gesteigert wird, sondern auch zusätzliche
Funktionen höherer Zentralität erfüllt werden. Aufgrund
dieser Erkenntnisse kann folgende Hypothese formuliert
werden: Ist eine Gemeinde um 1 % größer als eine andere,
ausgedrückt mit Hilfe der Einwohnerzahl E, dann ist zu
erwarten, daß ihre Ausgaben A um einen festen Hundertsatz
e > 1 höher sind:

$$\frac{dA}{A} = e \, \frac{dE}{E} \, . \tag{36}$$

Das bedeutet, die Elastizität der kommunalen Aktivität
in bezug auf die Einwohnerzahl ist konstant:

$$A = c \, E^e \, . \tag{37}$$

Dieses hypothetische Konzentrationsgesetz ist in Figur 5
abgebildet und verwandt mit der Lorentzkurve, die allerdings stärker normiert ist[2]. Wird Gleichung 37 loga-

---

1) Da die zentralen Funktionen weitgehend dem tertiären
   Sektor entstammen, sind sie personalintensiv und wenig
   rationalisierbar.
2) Gleichermaßen ist e mit dem Ginikoeffizienten verwandt.

rithmiert, dann ergibt sich ein linearer Ausdruck, der
regressionsanalytisch zu behandeln ist:

$$\log A = \log c + e \log E \qquad (38)$$

Um nachzuweisen, daß e eine Elastizität ist, wird Gleichung·
36 integriert und delogarithmiert:

$$\log A = \log c + e \log E \qquad (39)$$

$$A = c \, E^e \qquad (40)$$

Gleichung 40 steht in Verbindung zur Rank-Size-Rule, die
den Zusammenhang zwischen dem Rang R und der Größe E einer
Stadt beschreibt:

$$R = \frac{c}{E^a} \qquad (41)$$

Ist die kommunale Aktivität ein Maß für den Rang und die
Ausstrahlung einer Stadt:

$$R \sim \frac{1}{A} , \qquad (42)$$

dann ist zu vermuten, daß die Koeffizienten a und e ähn-
liche Werte besitzen.

5.5. Konzentrationsgesetz der Gemeindeausgaben

In diesem Abschnitt wird geprüft, ob die kommunale Staatstätigkeit gesetzmäßig zentralisiert ist. Die Vermutung,
daß sich zentrale und disperse Funktionen unterscheiden
lassen, wird mit Hilfe der Faktorenanalyse validiert.

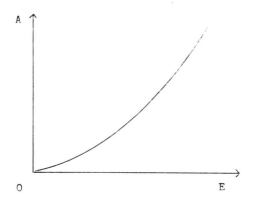

Abbildung 5

Das Konzentrationsgesetz der Kommunalausgaben

5.5.1._Zentrale_und_disperse_Funktionen

Die Resultate in Tabelle 28 zeigen, wie stark die kommunalen Funktionen konzentriert sind, bezogen auf die Einwohnerzahl. Für die Gesamtausgaben zeigt die Schätzgleichung
38, die auf der Annahme konstanter Elastizität basiert,
ein günstiges Bestimmtheitsmaß. 96 % der Streuung werden
durch die Hypothese erklärt, daß die Ausgabenelastizität
konstant 1,19 beträgt. Werden also zwei Gemeinden verglichen, deren eine um 1 Prozent größer ist, so muß damit
gerechnet werden, daß die Gesamtausgaben in der größeren
Gemeinde um 1,19 Prozent höher liegen. Die
Größenordnung des Koeffizienten erinnert an die Rank-
Size-Rule, die für die Bundesrepublik die Gestalt hat:

T a b e l l e   28

Konzentration der Kommunalausgaben in den Groß- und Mittelstädten der Bundesrepublik Deutschland 1968 und 1972, bezogen
auf die Einwohnerzahl (e: Elastizität, r^2: Bestimmtheitsmaß)

Art der Ausgaben	1968		1972	
	e	r^2	e	r^2
Allgemeine und Finanz-verwaltung, Polizei und öff.Ordnung			1,19	0,92
Schulwesen			1,23	0,85
Kulturpflege			2,08	0,83
Soziale Angelegenheiten			1,79	0,87
Gesundheitsdienst			2,56	0,62
Bau- und Wohnungswesen			1,27	0,91
Öffentl. Einrichtungen, Wirtschaftsförderung			1,15	0,92
Durchschnitt der Elastizitäten			1,44	
Gesamtausgaben	1,16	0,95	1,19	0,96
davon Gebührenhaushalt			1,18	0,86
Investitionen			1,15	0,90
Schuldendienst			1,45	0,87

Quellen: Eigene Berechnungen

        Statistisches Jahrbuch Deutscher Gemeinden 1970,
        Hg. Deutscher Städtetag, Braunschweig: Waisenhaus 1970

        Statistisches Jahrbuch Deutscher Gemeinden 1974,
        Hg. Deutscher Städtetag, Köln: Bachem 1974
116 (1968), 126 (1972) Gemeinden

$$R \sim \frac{1}{E^{1,19}} \qquad\qquad (43)$$

Da auch diese Rang-Größen-Regel einen guten Fit besitzt
(r^2 = 0,99), bestätigt sich die Hypothese, daß sich der
Rang einer Stadt in ihrer kommunalen Aktivität ausdrückt[1]:

$$A \sim \frac{1}{R} \qquad\qquad (44)$$

Besonders hohe Elastizitäten werden für den Gesundheitsdienst, die Kulturpflege und den Sozialbereich beobachtet.
Schon zuvor war aufgefallen, daß diese Ausgabenkategorien
am stärksten streuen, was sich nunmehr dadurch erklären
läßt, daß diese Tätigkeitsbereiche stark zentralisiert
sind. Die Ausgaben für Gesundheit, Kultur und Soziales
werden vornehmlich in den größten der betrachteten Gemeinden getätigt, die damit Leistungen für ihre Nachbargemeinden erbringen. Für den Gesundheitsdienst ist dieser
Zusammenhang allerdings nicht so stramm, wie das Bestimmtheitsmaß (r^2 = 0,62) andeutet.

Offensichtlich eignet sich der Elastizitätskoeffizient
dafür zu entscheiden, ob eine kommunale Aktivität zentral
oder dispers ist. Ist eine spezifische Elastizität kleiner
als die Elastizität der Gesamtausgaben von 1,19, dann
ist die entsprechende Ausgabenart dispers, andernfalls
zentral. Zu bedenken ist indes, daß in diese empirische

---

1) Der verbindende Test zeigt:

$$A \sim \frac{1}{R^{1,01}} \ , \qquad r^2 = 0,96$$

Analyse nur Gemeinden einbezogen werden, deren Einwohnerzahl 20.000 überschreitet. Nur diese Gemeinden liegen der
Klassifizierung in zentrale und disperse Funktionen zugrunde. Ausgaben, die im Rahmen der Groß- und Mittelstädte
als dispers erscheinen, mögen für die Kleinstädte und
Landgemeinden zentral sein.

Zu den zentralen (oder genauer: stärker zentralisierten)
Ausgaben zählen des weiteren die Ausgaben für den Schuldendienst und für den Schulbereich. Der Elastizitätskoeffizient für den Schuldendienst von 1,45 legt nahe, daß
die Schulden in den Großstädten überproportional hoch sind.
Daß die räumliche Verteilung der Schulen dem Bevölkerungs-
muster folgt und nicht auffällig zentralisiert ist, zeigt
der Koeffizient, der knapp über 1,19 liegt. Die Verwaltung
ist in dem Maße zentralisiert, in dem die Aufgabenzweige
konzentriert sind, die von jener betreut werden.

Zu den relativ dispersen Ausgaben gehören die Ausgaben
aus dem Gebührenhaushalt (Müllabfuhr usw.), für öffentliche Einrichtungen, Wirtschaftsförderung und Investitionen. Die Elastizität der Investitionen ist leicht unter-
durchschnittlich, jedoch deutlich größer als eins, so daß
auch die Investitionsausgaben stärker konzentriert sind
als die Bevölkerung.

Es bleibt anzumerken, daß die meisten Ausgabenkomponenten
stärker zentralisiert sind als die Gesamtausgaben (e = 1,19),
das gewogene Mittel der spezifischen Elastizitäten liegt
bei e = 1,44. Diese Erscheinung beruht darauf, daß die
einzelnen kommunalen Aktivitäten ungleichmäßig konzentriert
sind. Die Kulturpflege ist in typischen "Kulturstädten",
das Gesundheitswesen in "Krankenhausstädten" zusammengefaßt. Werden diese Aufgabenkategorien zu Gesamtausgaben
summiert, dann wirkt sich die spezifische Konzentration

nicht voll aus, weil sich die Teilkräfte kompensieren.

Dieses Argument soll mit Hilfe zweier Konzentrationskurven verdeutlicht werden.

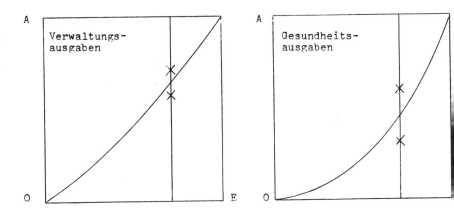

<u>Abbildung 6</u>

Konzentration der Verwaltungs- und Gesundheitsausgaben

Weil die Gesundheitsausgaben (e = 2,56) stärker zentralisiert sind als die Verwaltungsausgaben (e = 1,19), ist die Linkskrümmung für die Gesundheitsausgaben kräftiger. Da die Gemeinden sich auf ausgewählte zentrale Funktionen spezialisieren, ist die Streuung bei den zugehörigen Ausgaben größer. Zur Illustration soll in Abbildung 6 eine bestimmte Größenklasse herausgegriffen werden. Die Kreuze markieren, daß in Städten vergleichbarer Einwohnerzahl die Verwaltungsausgaben nur geringfügig voneinander abweichen, die Tendenz zur Spezialisierung ist schwach.

Anders bei den Gesundheitsausgaben: Auch wenn die Bevölkerung die gleiche Größenordnung besitzt, treten große
Unterschiede auf. Diese Streuung beruht nicht zuletzt
auf der geringen Teilbarkeit der Gesundheitsausgaben:
Entweder besitzt eine Stadt ein Krankenhaus, Kreiskranken-
haus oder Spezialkrankenhaus - oder die Gesundheitsausgaben fallen weit unter die Konzentrationskurve. Diese Spezialisierung auf die zentralen Funktionen erklärt auch,
warum sich das Konzentrationsmaß und das Bestimmtheitsmaß
gegenläufig verhalten: Je stärker die Zentralisierung
einer Funktion, desto geringer ihr Erklärungsgrad, her-
vorgerufen durch die Aufgabenteilung der Städte.

Geprüft werden muß allerdings noch, ob diese Spezialisierung eine dauerhafte Erscheinung ist. Sind die Gesundheitsausgaben in jenen Städten überdurchschnittlich hoch
in denen zur angegebenen Zeit ein Krankenhaus errichtet
wird? Der Vergleich der Gesundheitsausgaben 1968 und 1972
zeigt, daß die regionale Verteilung der Ausgaben länger-
fristig stabil ist. Wären Projekte aus 1968 abgeschlossen
bis 1972 und neue Projekte in anderen Städten in Angriff
genommen, dann wäre eine negative Korrelation zu erwarten.
Da die Gesundheitsausgaben 1968 und 1972 positiv kovariieren
($r = + 0,99$), darf von den jährlichen Ausgaben auf die
bleibenden Funktionen geschlossen werden.

Während die Abbildung 6 die Konzentration stilisiert hat,
finden sich in den Abbildungen 7 und 8 die empirischen
Informationen. Da die meisten Städte, die der Analyse
zugrunde liegen, und deren Ausgaben klein sind, wird ein
doppeltlogarithmischer Maßstab gewählt. Infolgedessen
streuen die Beobachtungspunkte nicht um eine linksgekrümmte
Kurve, sondern um eine Grade. Ein Vergleich der beiden
Abbildungen demonstriert, daß die Konzentration der Ver-

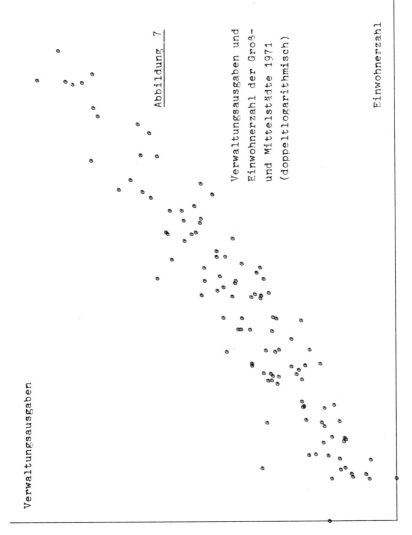

Abbildung 7

Verwaltungsausgaben und
Einwohnerzahl der Groß-
und Mittelstädte 1971
(doppeltlogarithmisch)

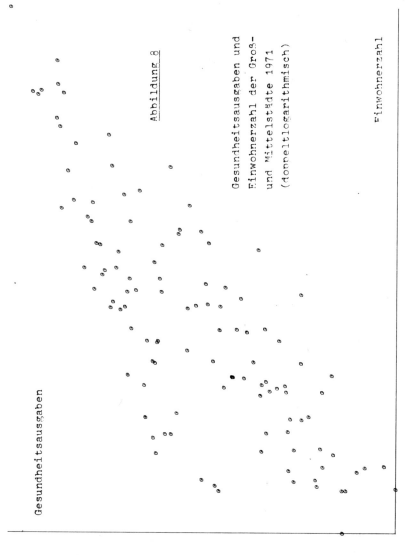

Gesundheitsausgaben

Abbildung 8

Gesundheitsausgaben und
Einwohnerzahl der Groß-
und Mittelstädte 1971
(doppeltlogarithmisch)

Einwohnerzahl

waltungsausgaben regelmäßiger ist. Die Form der Darstellung bedingt indes, daß die stärkere Zentralisierung der
Gesundheitsausgaben nicht zum Ausdruck kommt. Aus Abbildung 8 ist weiter zu ersehen, daß die relative Streuung
mit zunehmender Stadtgröße zurückgeht, weil vor allem die
kleineren der Groß- und Mittelstädte zur Spezialisierung
neigen.

Werden nun die Gesamtausgaben 1968 den Gesamtausgaben
1972 gegenübergestellt, dann zeigt sich, daß die Zentralisierung der kommunalen Aktivitäten, gemessen an der
Bevölkerung, im Zuge der Gemeindefinanzreform zugenommen
hat. Das Konzentrationsmaß ist von e = 1,16 (1968) auf
e = 1,19 (1972) gestiegen, eine Zunahme, die auch unter
der Annahme einer kleineren Stichprobe signifikant ist.
Gleichzeitig ist die Zentralisierung regelmäßiger geworden, die Bestimmtheitsmaße r^2 = 0,95 für 1968 und
r^2 = 0,96 für 1972 können indes nicht statistisch diskriminiert werden.

Die These von der Spezialisierung auf zentrale Funktionen
wird mit Hilfe der Faktorenanalyse weiter verfolgt. Dazu
ist eine knappe Skizze dieser Methode erforderlich, die
in Abschnitt 5.5.2. durchgeführt wird. Dieser Abschnitt
ist insofern übergreifend, als die Methode auch zur allgemeinen Typisierung von Städten herangezogen wird. Zunächst steht aber im Vordergrund, auf welche alternativen
Funktionsbündel sich die Städte spezialisieren.

5.5.2. Skizze der Faktorenanalyse

5.5.2.1. Überblick über die Methode

Bei der Faktorenanalyse[1] geht man bekanntlich davon aus,

---

1) Vgl. M.G. Kendall, A Course in Multivariate Analysis,
   London 1957

daß die Werte, die an Untersuchungsobjekten gemessen
werden, lineare Kombinationen hypothetischer, nicht beobachte-
ter oder nicht beobachtbarer Variablen sind, die als Faktoren
bezeichnet werden:

$$z_{ij} = a_{i1} \, p_{1j} + a_{i2} \, p_{2j} + \dots + a_{ir} \, p_{rj}$$

$$i = 1, 2, \dots, m$$
$$j = 1, 2, \dots, n \hspace{3cm} (45)$$

oder in Matrixnotation

$$Z = A \cdot P \quad \text{oder} \quad (z_{ij}) = (a_{i1}) \, (p_{1j}) \hspace{1.5cm} (46)$$

z_{ij} bezeichnet das Ausgangsdatum für Variable i (z.B. Bevölkerungsdichte) und Fall j (z.B. Gemeinde), das auf den Mittelwert 0 und Varianz 1 normiert ist. Die Variable i lädt den
Faktor 1 (1=1,2,...,r) mit der Ladung a_{i1}. p_{1j} ist der Wert des
l-ten Faktors für den j-ten Fall (factor score). Sind die Faktoren untereinander unkorreliert, dann gilt das Fundamental-
theorem (Thurstone):

$$R = AA' \hspace{4cm} (47)$$

Die Korrelationsmatrix R der Ausgangsvariablen gestattet, die
Faktorenladungen zu schätzen. Ziel der Analyse ist dabei, die
Dimension des Problems stochastisch von m auf r zu verringern.

Der Ablauf der Faktorenanalyse soll zunächst mit einem
Schema illustriert werden:

$$
\begin{array}{ccccccccc}
 & n & & m & & r & & r & & n \\
m & \boxed{z_{ij}} & m & \boxed{r_{ik}} & m & \boxed{a_{i1}} & m & \boxed{v_{i1}} & r & \boxed{p_{1j}}
\end{array}
$$

$$\longrightarrow$$

Aus den Ausgangsdaten (z_{ij}) wird die Korrelationsmatrix
(r_{ik}) berechnet. Bei der Faktorenextraktion werden für
eine gewisse Anzahl von Faktoren die Ladungen (a_{il}) ermittelt. Werden die Achsen optimal rotiert, dann wird das
Faktorenmuster (a_{il}) zur Faktorenstruktur (v_{il}) transfor-
miert. Letzter Schritt ist die Schätzung der Faktorenwerte (p_{lj}).

5.5.2.2. Faktorenextraktion

Die n Fälle sind geometrische Punkte im R^m. In diesen
Raum soll eine Gerade mit Schnittpunktvektor (y_i) und
Richtungsvektor (l_i) so eingepaßt werden, daß die Summe
nS der quadrierten Abstände der Punkte von dieser Geraden
minimal wird:

$$nS = \sum_{j=1}^{n} \{ \sum_{i=1}^{m} (z_{ij} - y_i)^2 - (\sum_{i=1}^{m} l_i(z_{ij} - y_i))^2 \}$$

$$+ \lambda (\sum_{i=1}^{m} l_i^2 - 1) \qquad (48)$$

Wird Gl. (48) nach y_i und l_i differenziert und die Ablei-
tung gleich Null gesetzt, dann ergibt sich, daß die Gerade
durch den Ursprung geht und daß gilt:

$$(R - \lambda I) \, l = 0 \qquad (49)$$

Der Ursprungsstrahl mit Richtungskosinus (l_i) ist die
erste Hauptachse (erster Faktor); die zweite Hauptachse
(zweiter Faktor) steht senkrecht auf der ersten und erklärt
ein Maximum der Restvarianz usw..

5.5.2.3. Rotation

Das Hauptachsensystem, in dem alle n Punkte enthalten sind,
besitze die Dimension r (vgl. approximativen Rang der
Matrix (z_{ij})). Wird nun die Darstellung umgekehrt, d.h.
werden die m Variablenpunkte a_{il} im R^r betrachtet, so
gilt es, die zufälligen Achsen so zu rotieren, daß die
Punktstruktur richtig erfaßt wird. Eine Vielzahl von
(optischen und algebraischen) Rotationsmechanismen steht
zur Verfügung, um orthogonale oder schiefwinklige Koordi-
natensysteme optimal zu drehen.

5.5.2.4. Schätzung der Faktorenwerte

Sind in der Linearhypothese Z = AP die Ausgangsdaten und die
Faktorenladungen gegeben, dann lassen sich die Faktorenwerte mit P = A^{-1} Z berechnen. Das bedingt, daß (a_{il})
quadratisch ist, eine wenig sinnvolle Annahme: In diesem
Fall ist die Anzahl der Faktoren nicht geringer als die
Anzahl der Variablen. Mit Hilfe der multiplen Regressions-
analyse können die Faktorenwerte geschätzt werden:

$$P = V'_{fs} \ R^{-1} \ Z \qquad\qquad (50)$$

(mit V_{fs} = A R_p, V_{fs} Faktorenstruktur, R_p Korrelationsmatrix der Faktoren).

5.5.3. Spezialisierung der Kommunen

Zu Beginn werden die Resultate der Faktorenanalyse vor-
getragen, die darauf kritisch gewürdigt werden. Daran
schließt sich die Frage an, ob die festgestellte Spezialisierung zu begrüßen ist. Zuletzt wird zusammengefaßt,

wozu das Konzentrationsgesetz der Staatsausgaben taugt.

Folgende zentrale und disperse Funktionen werden der
Faktorenanalyse unterworfen, um zu prüfen, ob die Städte
sich spezialisieren, zum Beispiel auf das Gesundheitswesen oder auf die Kulturpflege: Ausgaben für Verwaltung,
Schule, Kultur, Soziales, Gesundheit, Bau- und Wohnungswesen, öffentliche Einrichtungen und Wirtschaftsförderung,
Gebühren, Investitionen, jeweils bezogen auf die Gesamtausgaben, um die Größenkorrelation auszuschalten. Der
Bartlett-Test bestätigt, daß die Korrelationsmatrix nicht
zufällig von der Einheitsmatrix abweicht. Die Aussagekraft ist am höchsten, wenn eine Varimaxrotation mit zwei
Faktoren durchgeführt wird, die 49 % der Streuung erklären. Der erste Faktor erfaßt 52 % der extrahierten Varianz
und besitzt diese Faktorenladungen, die betragsmäßig größer als 0,4 sind:

Gesundheitsausgaben / Gesamtausgaben	0,78
Ausgaben für öff. Einricht. / Gesamtausgaben	- 0,80
Gebührenausgaben / Gesamtausgaben	- 0,77

Da der erste Faktor von dem Anteil der Gesundheitsausgaben hoch geladen wird, soll dieser Faktor, angelehnt an
diese zentrale Funktion, als Gesundheitsfaktor interpretiert werden. In den Städten, die sich auf gewisse zentrale Funktionen spezialisieren, ist der Anteil anderer
Funktionen zwangsläufig niedriger. Das betrifft vor
allem die dispersen Funktionen, die auf den Einwohner
bezogen invariant sind und deren Anteil somit in den
großen Städten niedrig ist. Aus diesem Grunde laden die
relativen Ausgaben für öffentliche Einrichtungen, Wirtschaftsförderung und Gebührenhaushalte den ersten Faktor
negativ.

Der zweite Faktor extrahiert 23 % der Totalvarianz und
wird von folgenden Ladungen charakterisiert:

Verwaltungsausgaben / Gesamtausgaben	- 0,48
Schulausgaben / Gesamtausgaben	- 0,52
Kulturausgaben / Gesamtausgaben	0,78
Sozialausgaben / Gesamtausgaben	0,78

Der zweite Faktor wird durch die zentralen Funktionen
Kulturpflege und Sozialwesen geprägt und ist konventionell
schwieriger zu benennen. In den typischen Kultur- und
Sozialstädten ist der Anteil der Verwaltungs- und Schulausgaben gering, weil diese letzten Funktionen nur schwach
zentralisiert sind. Wichtiger als die Namensgebung der
Faktoren ist ihre Interpretation im Hinblick auf die
Spezialisierung der Städte. Die Orthogonalität der Faktoren impliziert: Ob eine Stadt typische Kultur- und Sozial-
stadt ist, hängt nicht davon ab, ob sie auch Krankenhausstadt ist, oder anders ausgedrückt, die Städte spezialisieren sich entweder auf die zentralen Funktionen Kulturpflege und Sozialwesen oder auf die zentrale Funktion
Gesundheitsdienst. Daß die Spezialisierung sich jeweils
nur auf einen Teil der zentralen Funktionen, nicht aber
auf alle erstreckt, kann auch aus der Korrelation zwischen
dem Anteil der Gesundheitsausgaben und dem Anteil der
Kulturausgaben (r = - 0,04) sowie dem Anteil der Sozialausgaben (r = 0,15) abgelesen werden, die insignifikant
ist.

Bevor die Spezialisierung bewertet wird, soll die Faktorenanalyse kritisch angeleuchtet werden. Die Auswahl der
Eingabedaten ist sorgfältig vorzunehmen, da sie entscheidenden Einfluß auf die extrahierten Faktoren nimmt. Die
unterschiedlichen Verfahren der Faktorenanalyse geben

dem Empiriker einen größeren Spielraum, der gewissen-
haft zu realisieren ist. Die Interpretation der Faktoren
aus den Ladungen ergibt sich nicht von selbst, sie bleibt
Aufgabe des Forschers, der dazu einen theoretischen Hintergrund benötigt. Nur mit diesen Einschränkungen können
die Resultate der Faktorenanalyse verwandt werden.

Ist die Arbeitsteilung bei zentralen Funktionen ökonomisch
sinnvoll, soll die eine Stadt sich auf die Kulturpflege,
die andere Stadt auf den Gesundheitsdienst spezialisieren?
Falls die unterschiedliche Spezialisierung auf den unterschiedlichen Wünschen der Bürger beruht, ist diese Arbeitsteilung zu begrüßen. Kann die Spezialisierung mit Skalen-
effekten begründet werden, die Krankenhausstadt nutzt
die Vorteile der großen Serie im Gesundheitsdienst, die
Kulturstadt entsprechend in der Kulturpflege? Dem stehen
grundlegende Erkenntnisse der Regionalwissenschaft entgegen: Der Skaleneffekt, der ohnehin schwer nachzuweisen
ist, wird durch die größeren Entfernungen aufgehoben: Das
Gesetz der Urbanisierung besagt demgegenüber, daß vornehmlich die Konzentration vielfältiger Funktionen in
einem Ort dessen Zentralität konstituiert. Werden die
Vorzüge und Nachteile der beobachteten Spezialisierung
abgewogen, dann ist die Arbeitsteilung abzulehnen.

Welche Schlußfolgerungen lassen sich aus dem Konzentrationsgesetz der Staatsausgaben ziehen, das zunächst einen
deskriptiven Charakter trägt? Das Konzentrationsgesetz
verträgt sich gut mit den fundamentalen Konzeptionen der
Regionalökonomie wie der Theorie der zentralen Orte und
der Rank-Size-Rule und bestätigt damit auch den raumwissen-
schaftlichen Rahmen. Welcher Konzentrationsgrad ist optimal, ist die beobachtete Elastizität von 1,19 (1972)
bestmöglich? Dieses Problem ist so komplex, daß die vor-

liegenden Informationen keine Lösung zulassen. Dagegen
erlaubt das Konzentrationsgesetz eine Aussage darüber,
wie sich die gesetzmäßige Zentralisierung der Staatsausgaben im Zuge der Gemeindefinanzreform von 1968 bis 1972
gewandelt hat. Die Konzentration steigt signifikant von
e = 1,16 auf e = 1,19, die Abweichungen von der Konzentrationskurve nehmen ab. Zudem ergibt sich, daß die Komponenten der kommunalen Staatsausgaben unterschiedlich
zentralisiert sind, so daß örtliche und überörtliche Funktionen diskriminiert werden können. Die Analyse demonstriert, daß diese Funktionen nicht in zentralen Städten
gebündelt sind, die zentralen Städte spezialisieren sich
vielmehr tendenziell entweder auf Gesundheitsausgaben oder
auf Kultur- und Sozialausgaben. Nicht zuletzt können mit
Hilfe der Konzentrationskurve abweichende Städte identifiziert werden, die daraufhin gesondert zu untersuchen
sind.

5.6. Versorgung mit öffentlichen Gütern

Wenn bisher die Versorgung der Bevölkerung mit kommunalen
Gütern diskutiert wurde, dann diente die Einwohnerzahl
der betreffenden Stadt als Maßstab. Die Zentralisierung
von Gemeindeaufgaben macht aber nur dann Sinn, wenn die
zentralen Orte regelmäßig über den Wirtschaftsraum verteilt
sind. Die Regionalwissenschaft gebietet deshalb, daß die
räumliche Ordnung der Städte und Gemeinden berücksichtigt
wird. Ein bewährtes Hilfsmittel für diesen Zweck sind
thematische Karten, hier konkreter Potentialzeichnungen.
Das Potential gestattet, die externen Effekte im Raum
darzustellen, die von den Zentren in das Umland ausgehen.
Da einfache Kennziffern ausdrucksarm sind, wenn geogra-
phische Strukturen verglichen werden, empfiehlt sich die
Kartographie des Potentials, deren optische Analyse aus-
sagekräftiger ist.

In diesem Abschnitt wird zuerst die Potentialkonzeption
skizziert, um darauf die Bedeutung von Potentialzeichnungen
zu erörtern. Auf dieser Grundlage wird dann die regionale
Versorgung mit kommunalen Gütern vor und nach der Finanzreform analysiert.

Die Konzeption des Potentials gestattet, die regionale
Erreichbarkeit zu beschreiben und damit räumliche Interaktionen zu erklären[1]. Zu diesen Interaktionen zählen
Bewegungen von Personen und Sachen im Raum, z.B. der
Verkehr oder die Wanderungen. Der Potentialwert P_i gibt
den relativen Einfluß an, den die Größe G_j, die in Ort j
lokalisiert ist, auf den Ort i ausübt:

$$P_i = c \sum_{j=1}^{n} \frac{G_j}{d_{ij}^a} \quad , \quad d_{ii} \neq 0 . \tag{51}$$

Die Wirkung von Ort j auf Ort i nimmt mit zunehmender
Entfernung d_{ij} zwischen diesen Orten ab, bedingt durch
die Fahrzeit oder Transportkosten, die die Interaktion
hemmen. Der Entfernungsexponent a drückt aus, ob der räumliche Widerstand, der der Größe G entgegengesetzt wird,
mehr oder weniger groß ist. Der Potentialwert gibt folg-
lich an, ob Ort i von allen anderen Orten günstig erreich-
bar ist oder nicht. Als Gewicht für die Entfernungen ist
die Bevölkerung der Orte j sinnvoll, um die allgemeine
Verkehrsgunst zu beschreiben.

Diese Konzeption des Potentials hat für die vorliegende
Studie eine doppelte Bedeutung: Einmal wird mit Hilfe
von Potentialzeichnungen die regionale Versorgung mit
kommunalen Gütern und Dienstleistungen untersucht, zum
anderen dient die genannte Erreichbarkeit als Erklärungs-

---

1) Das Potential geht auf das Gravitationsgesetz von Newton
zurück

größe für die Ordnung im Wirtschaftsraum (siehe unten).
An dieser Stelle wird anhand des Potentials der Weg vom
kommunalen Anbieter zum privaten Nachfrager simuliert,
ob die kommunalen Güter nun geliefert oder abgeholt werden.

Potentialzeichnungen erlauben, die theoretisch unendlich
vielen Potentialwerte, die jeweils den Punkten der Ebene
zugeordnet werden, anschaulich darzustellen. Das Potential
wird als Gebirge über der geographischen Fläche aufgefaßt
und mit Hilfe von Höhenlinien (durchgezogen) und Tallinien (punktiert, vgl. Abbildung 9) in der Zeichenebene
sichtbar gemacht. Vom Entfernungsexponenten a hängt es
ab, ob das Potentialgebirge zerklüftet oder ebenmäßig ist.
Empirisch relevante Werte dieses Exponenten liegen zwischen
1 und 4, ist die Nahwirkung dominant, dann ist a groß und
das Potentialgebirge steil mit vielen lokalen Maxima, ist
die Fernwirkung stark, wie für kommunale Güter zu erwarten,
dann ist a klein und das Potentialgebirge flach mit wenigen
Zentren[1].

Der Analyse der folgenden Potentialzeichnungen seien noch
einige Bemerkungen zum angewandten Verfahren vorausge-
schickt. Für die Bundesrepublik Deutschland wird das Potential auf einem feinen Raster ermittelt, interpoliert
und geplottet. Zugrunde liegen Informationen über die
Großstädte der Bundesrepublik, wobei aus Datengründen
Berlin und Saarbrücken ausgeklammert werden. Die damit
verbundene Verzerrung ist gering zu veranschlagen, da
beide genannten Städte eine ausgeprägte Randlage aufweisen.

---

1) H. Todt, Zur Abgrenzung von wirtschaftlichen Regionen,
   in: ZgS, Band 127, 1971, S. 284 - 295

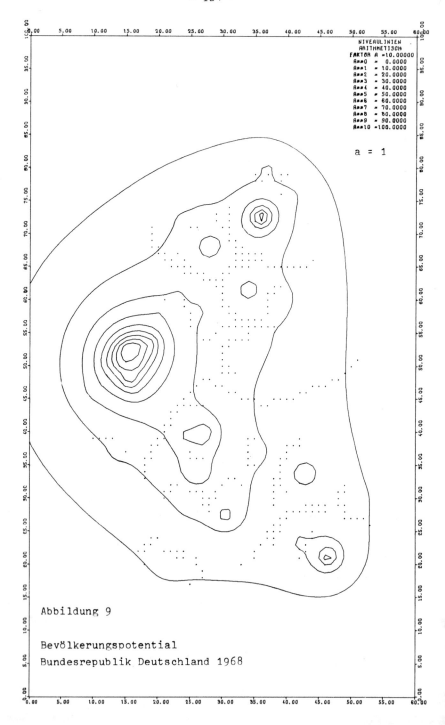

Abbildung 9

Bevölkerungspotential

Bundesrepublik Deutschland 1968

Wie jedes Potential fällt auch dieses tendenziell zum
Rand hin ab, ein Effekt der dadurch gemildert werden könnte, daß die Nachbarstaaten der Bundesrepublik in die Analyse einbezogen werden. Es muß indes beachtet werden, daß
die Staatsgrenzen die Versorgung mit öffentlichen Gütern
hemmen. Es ist nicht möglich, die öffentlichen Güter
physisch oder wertmäßig zu erfassen. Stattdessen werden
die Staatsausgaben angesetzt, unter der impliziten Prä-
misse, daß die kommunale Effizienz regional nicht differenziert ist, ein Problemkreis, zu dem keine schlüssigen
Ergebnisse vorliegen.

In den folgenden Abbildungen wird das Potential der Bevölkerung, der kommunalen Ausgaben und ihrer Komponenten
dargestellt. Das Bevölkerungspotential wird an den Anfang
gestellt, um die Erreichbarkeit der Teilräume in der Bundesrepublik zu veranschaulichen. Diese Verteilung bildet
auch den Prüfstein, an dem die Versorgungspotentiale zu
beurteilen sind. Abgesehen von Abbildung 10 liegt allen
Potentialzeichnungen der Entfernungsexponent a = 1 zugrunde, der die Fernwirkung betont. Dieser Wert kann aufgrund verschiedener Studien als realistisch angesehen
werden[1]. In Abbildung 9 findet sich das Bevölkerungspotential für die Bundesrepublik Deutschland 1968. Da
nur die Großstädte Eingang finden, muß vorausgesetzt werden, daß die Verteilung der anderen Städte und Gemeinden
nicht entscheidend davon abweicht. Das Bevölkerungspotential 1968 besitzt im Gebiet Rhein-Ruhr (mit den Koordi-
naten 15 und 50) seinen höchsten Gipfel. Als Regionen

---

1)Vgl. W. Isard, Methods of Regional Analysis: An
   Introduction to Regional Science, Cambridge, Mass.:
   MIT-Press 1960 und die dort zitierte Literatur

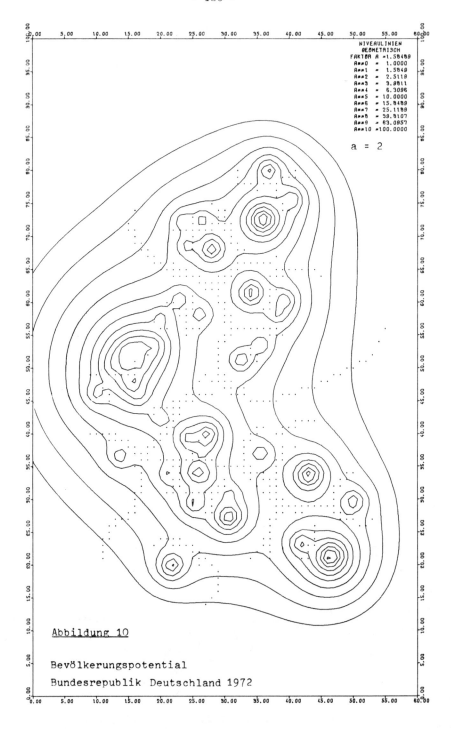

NIVEAULINIEN
GEOMETRISCH
FAKTOR A =1.58489
A**0 = 1.0000
A**1 = 1.5849
A**2 = 2.5119
A**3 = 3.9811
A**4 = 6.3096
A**5 = 10.0000
A**6 = 15.8489
A**7 = 25.1189
A**8 = 39.8107
A**9 = 63.0957
A**10 =100.0000

a = 2

Abbildung 10

Bevölkerungspotential

Bundesrepublik Deutschland 1972

zeichnen sich ab: Rhein-Ruhr (15,50), Hamburg (35,70),
München (45,20), Rhein-Main (25,40), Bremen (30,70),
Hannover (35,60), Stuttgart (30,25) und Nürnberg (45,35).
Mit Berlin und Saarbrücken werden insgesamt zehn Regionen
gebildet, die sich in Zentrum und Umland gliedern, abge-
grenzt durch die gepunkteten Tallinien.

Für das Bevölkerungspotential 1972 wird ein höherer Entfernungsexponent gewählt (a=2), so daß sich eine Vielzahl
von Zentren ergibt[1]. Wenn die Versorgung mit öffentlichen
Gütern beurteilt werden soll, dann bietet sich als Ver-
gleichsbasis die Einwohnerdichte an, das Einwohnerpoten-
tial würde dazu führen, daß die Interaktion im Raum doppelt gezählt wird. Das steile Potential eignet sich nun,
die Einwohnerdichte abzubilden in Dichtelinien. Für die
Längsschnittanalyse ist es nicht erforderlich, auch die
Bevölkerungsdichte von 1968 anzuführen, da sich in diesem
Bereich kein wesentlicher Wandel abgespielt hat.

In den Figuren 11 und 12 ist das Potential der Kommunalausgaben in der Bundesrepublik Deutschland abgebildet -
vor (1968) und nach (1972) der Finanzreform. Aus den Potentialzeichnungen läßt sich ersehen, wie die Großstädte
als zentrale Orte ihr Hinterland versorgen. Angegeben
sind die Ausgaben der Städte, in denen mehr als hundert-
tausend Einwohner wohnen, in denen allerdings die Masse
der Kommunalausgaben getätigt wird[2]. Es darf davon aus-
gegangen werden, daß die verbleibenden Gemeindeausgaben
nicht grundsätzlich anders verteilt sind. Der Vergleich
mit dem Bevölkerungspotential zeigt, daß das Ausgabenpotential steiler ist, eine Erscheinung, die auf der Zentralisierung der kommunalen Aktivitäten beruht. Das Aus-

---

1) Vgl. Abbildung 10

2) 1972 wohnen 32 % der Bevölkerung in Großstädten, die
   rund 54 % der Kommunalausgaben tragen.

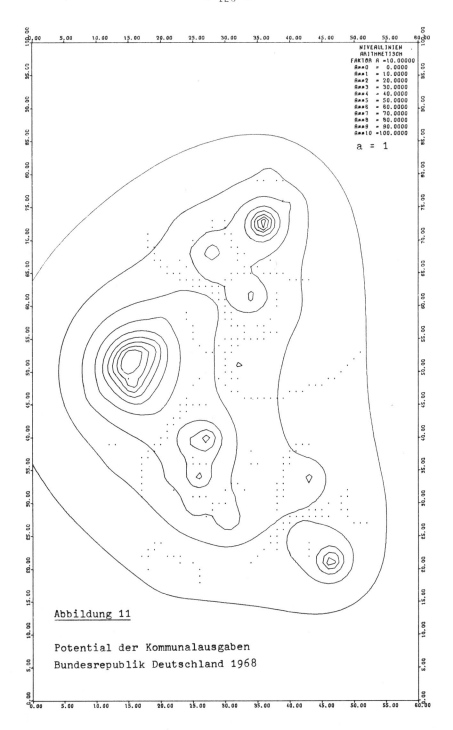

NIVEAULINIEN
ARITHMETISCH
FAKTOR A =10.00000
A==0 = 0.0000
A==1 = 10.0000
A==2 = 20.0000
A==3 = 30.0000
A==4 = 40.0000
A==5 = 50.0000
A==6 = 60.0000
A==7 = 70.0000
A==8 = 80.0000
A==9 = 90.0000
A==10 =100.0000

a = 1

Abbildung 11

Potential der Kommunalausgaben
Bundesrepublik Deutschland 1968

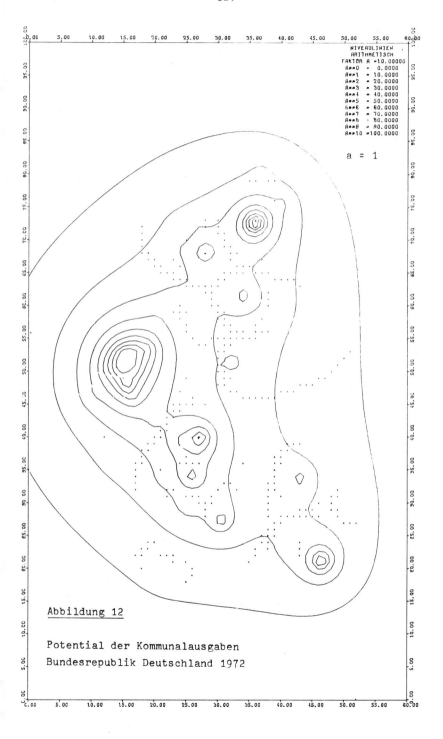

Abbildung 12

Potential der Kommunalausgaben
Bundesrepublik Deutschland 1972

gabenpotential ist zudem gleichmäßiger, die zweite Höhenlinie von unten bezieht Nürnberg ein, die dritte Höhenlinie markiert die Achse Rhein-Ruhr, Rhein-Main, Stuttgart, im Bereich einer gemeinsamen dritten Höhenlinie
liegen Hamburg, Bremen und Hannover. Diese gleichmäßigere
Versorgung mit öffentlichen Gütern fördert die Einheitlichkeit der Lebensverhältnisse im Raum.

Wie hat sich die Verteilung der Gemeindeausgaben mit der
Gemeindefinanzreform 1970 verändert? Hier steht nicht das
absolute Wachstum im Vordergrund des Interesses, sondern
die Frage, ob sich die regionale Allokation der Ausgaben
verschoben hat. Abbildung 12 demonstriert, daß die Versorgung in diesem Sinne verbessert worden ist. Die zweite
Höhenlinie ist 1972 weiträumiger und umfaßt alle Zentren,
die dritte Höhenlinie schließt sich um die Regionen Hamburg,
Bremen, Hannover, Rhein-Ruhr, Rhein-Main und Stuttgart,
die vierte Versorgungslinie verbindet das Ruhrgebiet mit
dem Raum Frankfurt.

Nach den Gesamtausgaben sollen abschließend ihre zentralen
Komponenten betrachtet werden[1]. Die überörtlichen Aufgaben Kultur, Sozialwesen und Gesundheitsdienst sind mit
erheblichen externen Effekten verknüpft, die in das Hinterland der Zentren wirken. Für diese Funktionen ist die
Potentialanalyse deshalb besser geeignet als für die
dispersen Funktionen wie Schulunterricht. Die Darstellung
konzentriert sich auf eine Querschnittsanalyse, die Entwicklung wird in diesem Fall nicht verfolgt. Unter diesen
drei Funktionen sind die Gesundheitsausgaben am stärksten
konzentriert, was in den steilen Potentialbergen zum
Ausdruck kommt. Die Gesundheitsausgaben sind so verteilt,

---

1) Vgl. Abbildungen 13, 14 und 15

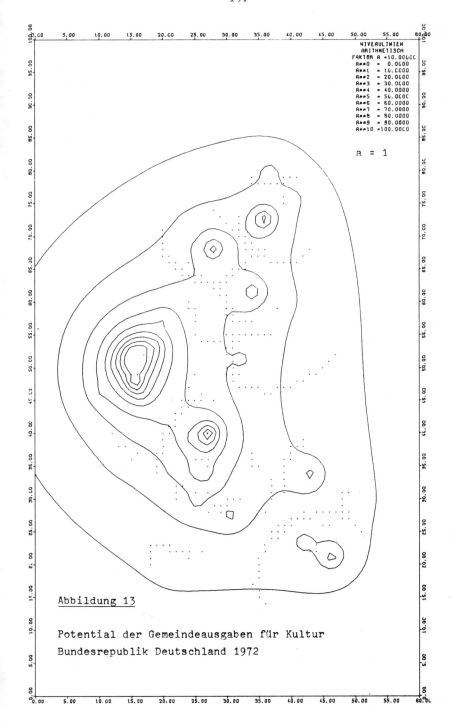

Abbildung 13

Potential der Gemeindeausgaben für Kultur
Bundesrepublik Deutschland 1972

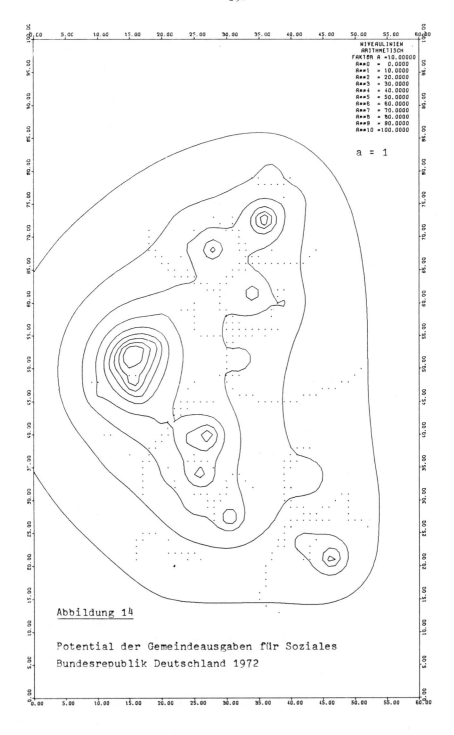

Abbildung 14

Potential der Gemeindeausgaben für Soziales
Bundesrepublik Deutschland 1972

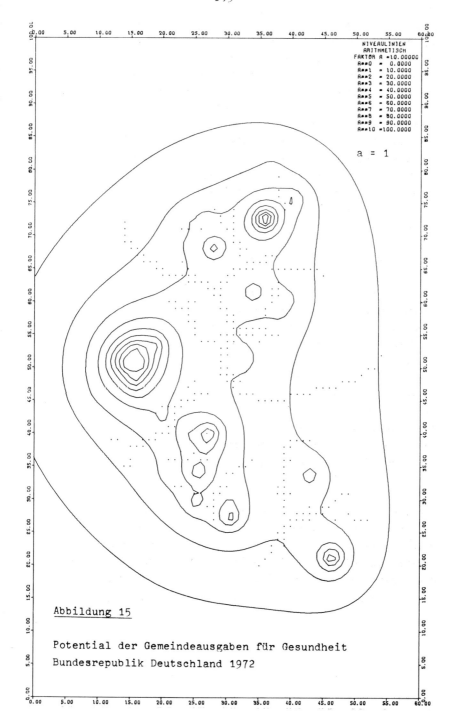

Abbildung 15

Potential der Gemeindeausgaben für Gesundheit
Bundesrepublik Deutschland 1972

daß die Versorgung der Teilräume verhältnismäßig gleichmäßig ist: Die zweite Versorgungslinie umgreift alle Regionen, die dritte Versorgungslinie alle Teilräume bis auf
München und Nürnberg. Das Potential der Kulturausgaben
dagegen ist vergleichsweise schief, die Versorgung mit
kulturellen Gütern hat ihren Schwerpunkt im Raum Rhein-
Ruhr und Rhein-Main, während die anderen Gebiete schlechter
abschneiden. Die kulturelle Ausstrahlung dieses Zentrums
reicht noch bis Bremen und Hannover, Hamburg und München
dagegen liegen abseits auf niedrigerem Niveau. Das Potential
der Gemeindeausgaben für Soziales beweist eine mittlere
Tendenz.

5.7. Gesetzmäßige Zentralisierung der kommunalen Einnahmen

Für die Konzentration der Einnahmen gelten nicht die gleichen
Argumente wie für die Konzentration der Ausgaben. Im weiteren soll von der kompensatorischen und distributiven
Funktion der Einnahmen abstrahiert werden, zumal es sich
dabei nicht um ein primär regionalökonomisches Problem
handelt. Das Leistungsfähigkeits- und das Äquivalenzprinzip
weisen eine Dimension auf, die raumwissenschaftlich bedeutsam ist. Die Gesamteinnahmen müssen in dem Ausmaß
der Gesamtausgaben konzentriert sein, um Deckungslücken
zu vermeiden. Für die Komponenten der Einnahmen (Steuern,
Schuldenaufnahme, Zuweisungen) sind indes weitere Überlegungen anzustellen.

Die räumliche Verteilung des Steueraufkommens sollte der
Geographie der Steuerobjekte folgen, nicht nur wegen des
Prinzips der Leistungsfähigkeit. Im Sinne des Äquivalenz-
prinzips gründet sich die regionale Steuerlastverteilung auf
den Versorgungsgrad und nicht auf die Gemeindeausgaben,
die zwischen Zentrum und Umland voneinander abweichen.

Die Steuerobjekte wiederum sind so zu wählen, daß ihre
Standorte mit dem Versorgungsgrad verknüpft sind. Die
Personalsteuern sind wie die Bevölkerung oder das Einkommen
zu konzentrieren; im zweiten Fall ist das Aufkommen
stärker zentralisiert als die Bevölkerung. Die Realsteuern
sind wie die ökonomische Aktivität zu allozieren, was
gleichfalls zu einer gewissen Konzentration führt. Die Geographie der Schuldenaufnahme sollte sich nach der Steuer-
oder Wirtschaftskraft der Kommunen richten, da diese die
Basis für Verzinsung und Tilgung bilden, und zudem investi-
ven Zwecken dienen. Mit den Steuern und der Schuldenaufnahme ist eine gewisse Konzentration erreicht, die mit
Hilfe der Zuweisungen auf die Konzentration der Ausgaben
abzustimmen ist. Dabei findet insbesonders ein Finanzausgleich zwischen Stadt und Umland statt. Die zentralen
Orte stellen öffentliche Güter bereit, die ihrem Hinterland
zugute kommen. Die Steuerbelastung im Umland soll höher
sein als für die Finanzierung der lokalen Gemeindeausgaben
geboten, um den Überschuß an das Zentrum im Wege des Finanzausgleichs zu zahlen und damit die überörtlichen
Funktionen zu finanzieren.In diesem Sinne sollen die Zuweisungen die Konzentration der Einnahmen erhöhen.

An diese Vorüberlegungen schließen sich die empirischen
Resultate an, die darauf im Lichte der Regionalökonomie
kritisch beleuchtet werden. Zunächst wird der Querschnitt
1972 analysiert, dann die Auswirkungen der Gemeindefinanzreform. Die Steuern weisen in der Tat eine vergleichsweise niedrige Konzentration auf. Die Gewerbesteuer nach
Ertrag und Kapital ist stärker zentralisiert (e = 1,28)
als die Grundsteuer B (e = 1,21) und der Gemeindeanteil
an der Einkommensteuer (e = 1,15). Wie bereits dargelegt,
ist das Aufkommen der Gewerbesteuer mit der Produktion
überdurchschnittlich konzentriert. Daß die Grundsteuer B

T a b e l l e   2 9

Konzentration der kommunalen Einnahmen in den Groß- und
Mittelstädten der Bundesrepublik Deutschland 1968 und 1972,
bezogen auf die Einwohnerzahl (e: Elastizität, r^2: Bestimmtheitsmaß)

Art der Einnahmen	1968		1972	
	e	r^2	e	r^2
(1) Grundsteuer B	1,21	0,94	1,21	0,95
(2) GewerbeSt Ertr., Kap.	1,35	0,81	1,28	0,87
(3) Lohnsummensteuer	14	0,05	4,55	0,43
(4) Gemeindeanteil ESt			1,15	0,97
(5) Gewerbesteuerumlage			1,22	0,89
(6) Schlüsselzuweisungen	7,1	0,12	5,00	0,15
(7) Zuweis. f. Auftr.				
(8) Zweckzuweisungen			1,64	0,84
(9) Schuldenaufnahme	1,82	0,68	1,92	0,63
(10) Gebühreneinnahmen			1,27	0,91
(11) Einn. aus Finanzinv.			1,56	0,73
(12) Steuereinnahmen	1,25	0,89	1,22	0,95
(13) Allgem. Deckungsm.	1,15	0,96	1,16	0,98
(14) Spez. Deckungsm.	1,23	0,90	1,27	0,91
(15) Einnahmen insgesamt	1,16	0,95	1,19	0,96
(16) Realsteueraufbringungskraft			1,19	0,91
(17) Realsteuerkraft GrundSt B			1,19	0,95
(18) Realsteuerkraft GewSt			1,22	0,89
(19) Schulden			1,41	0,85

Quellen: Eigene Berechnungen
Statistisches Jahrbuch Deutscher Gemeinden 1970,
Hg. Deutscher Städtetag, Braunschweig: Waisen-
haus 1970

Statistisches Jahrbuch Deutscher Gemeinden 1974,
Hg. Deutscher Städtetag, Köln: Bachem 1974
116 (1968) und 126 (1972) Gemeinden

nicht elastischer ist in Bezug auf die Einwohnerzahl
der betreffenden Wohngemeinde, ist darauf zurückzuführen,
daß die zugrundeliegenden Einheitswerte nicht marktgerecht
sind, was besonders für die Großstädte zutrifft. Der Gemeindeanteil an der Einkommensteuer besitzt mit e = 1,15
die geringste Konzentration aller Einnahmequellen, da die
relevanten Schlüsselzahlen sich nach dem Aufkommen in der
Proportionalzone bemessen, die Progression also abgeschnit-
ten wird. Die Kommunen führen zum Ausgleich für die Beteiligung an der Einkommensteuer die Gewerbesteuerumlage an
den Bund und die Länder ab. Die Gewerbesteuerumlage ist
schwächer zentralisiert (e = 1,22) als das Aufkommen der
Gewerbesteuer nach Ertrag und Kapital, weil bei der Umlage
die gemeindespezifischen Hebesätze herausgerechnet werden.
Den höchsten Konzentrationsgrad weist das Aufkommen der
Lohnsummensteuer auf (e = 4,55), begründet durch die Konzentration in der Basis. Außerdem wird die Lohnsummensteuer nicht in allen Gemeinden erhoben, was dazu bei-
trägt, daß der Erklärungsgrad niedriger ist (r^2 = 0,43).
Die Steuereinnahmen insgesamt besitzen mit e = 1,22 eine
Konzentration, wie sie zur Finanzierung der Gesamtausgaben (e = 1,19) erforderlich ist. Die anderen Einnahmequellen müssen die Konzentration leicht drücken und eine
Ausgabendeckung in jeder einzelnen Gemeinde gewährleisten.

Die Schuldenaufnahme ist stark zentralisiert, die über-
durchschnittliche Schuldenaufnahme der Großstädte ist
indes weniger regelmäßig (e = 1,92, r^2 = 0,63). Diese
hohe Konzentration ist weder mit der Konzentration der
Steuer- und Wirtschaftskraft noch mit der Konzentration
der Investitionen zu rechtfertigen. Auch die Gebühreneinnahmen und die Einnahmen aus Finanzinvestitionen sind
kräftiger zentralisiert. Die Zweckzuweisungen fließen
vornehmlich in zentrale Orte (e = 1,64), um überörtliche

Aufgaben zu finanzieren. Die Schlüsselzuweisungen sollen
den Unterschied zwischen Finanzbedarf und Steuerkraft
ausgleichen, die Speziellen Deckungsmittel (Zweckzuweisungen, Schuldenaufnahme, Gebühreneinnahmen, Einnahmen
aus Finanzinvestitionen) sind unmittelbar mit gewissen
Ausgaben verknüpft und spielen deshalb keine Rolle für
den Finanzausgleich. Was die Schuldenaufnahme angeht, ist
die Bindung an die Investitionen jedoch von lockerer Art.
Die Schlüsselzuweisungen sind sehr stark zentralisiert,
nicht zuletzt, weil die Einwohner zentraler Orte bei der
Bedarfsschätzung höher gewertet werden, das Bestimmtheitsmaß ist indes gering, die Schlüsselzuweisungen werden anhand eines komplexen Schlüssels ermittelt, der den jeweiligen Umständen Rechnung trägt.

Die Steuereinnahmen sind vor dem Finanzausgleich stärker
konzentriert (e = 1,22, r^2 = 0,95) als die Gesamtausgaben.
Nach dem Finanzausgleich sinkt die Konzentration (e = 1,16)
und wird gleichmäßiger (r^2 = 0,98). Der Finanzausgleich
wirkt also ausgleichend im Sinne des Konzentrationsgesetzes,
zudem erweist sich auch hier, daß die durchschnittliche
Elastizität größer ist als die Elastizität des Totals, daß
sich also die Komponenten kompensieren.

Der Realsteuervergleich bestätigt mutatis mutandis die
Eindrücke, die zuvor gewonnen wurden. Die Konzentration
der Realsteuerkraft für die Grundsteuer B und die Gewerbesteuer ist geringfügig niedriger als die Konzentration des Istaufkommens, da die Hebesätze ihrerseits leicht
zentralisiert sind. Zum Vergleich ist die Konzentration
der Schulden ausgewiesen, die niedriger ist als die Zentralisierung der Schuldenaufnahme, die Stromgröße variiert
stärker im Zeitablauf als die Bestandsgröße.

Finden im Zuge der Gemeindefinanzreform Verschiebungen
in der Konzentration der Einnahmen statt? Die Konzentration der Gesamteinnahmen steigt von 1,16 (1968) auf 1,19
(1972), eine Tendenz, die statistisch abgesichert ist.
Gleichzeitig wird die Zentralisierung regelmäßiger
(r^2 = 0,95 und r^2 = 0,96), allerdings ist diese Zunahme
insignifikant. Die Konzentration der Steuereinnahmen und
der Allgemeinen Deckungsmittel entwickelt sich in Richtung
auf die Konzentration der Ausgaben, vor allem die Zentralisierung der Steuern wird regelmäßiger. Die Ursache ist,
daß die Konzentration der Gewerbesteuern sinkt und ein
Teil ihres Aufkommens gegen die disperse, regelmäßige
Beteiligung an der Einkommensteuer getauscht wird. Die
Zentralisierung der Speziellen Deckungsmittel nimmt im
Gegensatz zu den anderen Komponenten zu. Als wunde Stelle
der regionalen Finanzierung muß noch einmal auf die über-
mäßige Konzentration der Schuldenaufnahme hingewiesen
werden.

Die Einnahmenanalyse hat die gesetzmäßige Zentralisierung
der kommunalen Aktivitäten untermauert:

$$A \sim E^{1,2}. \qquad (52)$$

Welche ökonomische Bedeutung hat dieses Konzentrationsgesetz , eine Frage, die schon im Anschluß an die Ausgaben-
analyse gestellt wurde?Das Konzentrationsgesetz ist theoretisch fundiert und empirisch gesichert. Der Gang der
Untersuchung erlaubt zwar nicht zu bestimmen, welcher
Konzentrationsgrad optimal ist. Dagegen kann beobachtet
werden, daß die Konzentration zugenommen hat und regelmäßiger geworden ist. Weicht eine Stadt auffällig vom
Konzentrationsgesetz ab, dann ist zu prüfen, welchen Grund
diese Abweichung hat. Insbesonders werden die Einnahme-

quellen danach klassifiziert, wie stark sie zentralisiert
sind. Das ist essentiell für den kommunalen Finanzausgleich zwischen Stadt und Umland.

5.8. Modell des optimalen Finanzausgleichs bei kommunaler Interaktion

Die Überlegungen der voraufgegangenen Abschnitte werden
als Modell formalisiert, um die wesentlichen Interdepen-
denzen aufzuzeigen. Input der kommunalen Staatstätigkeit
in Gemeinde i sind der staatliche Konsum C_i und das staatliche Kapital K_i, durch deren Kombination der staatliche
Output X_i erzeugt wird. In dieser Notation lautet die
kommunale Produktionsfunktion:

$$X_i = f(C_i, K_i) \qquad \forall i \qquad (53)$$

Mit zunehmendem Input wächst der Output:

$$f'(C_i, K_i) > 0 \qquad (54)$$

Die Kapitalkosten ergeben sich aus dem Bestand K_i und dem Kapi-
talisierungsfaktor κ. Die Produktionsfunktion wird dergestalt
normiert, daß der Wert des totalen Outputs gleich dem Wert
des totalen Inputs ist:

$$f : \sum_{i=1}^{n} X_i = \sum_{i=1}^{n} (C_i + \kappa K_i) \qquad (55)$$

Den internen und externen Effekten, die Gleichung (53)
impliziert, wirken die Transportkosten k_{ij} entgegen, die
zwischen den Gemeinden i und j anfallen und von dem
Abstand d_{ij} dieser Orte abhängen:

$$k_{ij} = g \, (d_{ij}) \qquad \forall i,j \qquad (56)$$

$$g' \, (d_{ij}) > 0$$

Die Versorgung von Gemeinde i mit kommunalen Gütern V_i
wird nicht nur von dem Output in Gemeinde i, sondern auch
von dem Output der anderen Gemeinden bestimmt[1]. Die räumliche Interaktion wird indes von den Transportkosten ge-
hemmt, je weiter eine Gemeinde entfernt ist, desto geringer
ist ceteris paribus ihr Einfluß. Umgekehrt bestimmt das
räumliche Muster der Versorgung, das von den einzelnen
Gemeinden gewünscht wird, die Geographie der kommunalen
Produktion:

$$V_i = c \sum_{j=1}^{n} \frac{X_j}{k_{ij}} \qquad \forall i \qquad (57)$$

Die Proportionalitätskonstante c ist so zu dimensionieren,
daß der Wert der totalen Versorgung dem Wert der totalen
Inputs entspricht:

$$c: \sum_{i=1}^{n} V_i = \sum_{i=1}^{n} (C_i + \kappa K_i) \qquad (58)$$

Die Investitionen I_i als Stromgröße vergrößern oder ver-
kleinern die Bestandgröße Kapitalstock K_i:

$$I_i = \Delta K_i \qquad \forall i \qquad (59)$$

Die Investitionen werden vollständig durch Schuldenaufnahme
S_i finanziert (Vereinfachung):

---

1) V_i läßt sich als Nutzen im Sinn der Cost-Benefit-Analysis
interpretieren.

$$\sum_{i=1}^{n} S_i = \sum_{i=1}^{n} T_i \qquad\qquad (60)$$

Ist der Kapitalmarkt vollkommen, dann läßt sich die Schuldenaufnahme nicht räumlich zuordnen, die Steuern und Zuweisungen dagegen, mit deren Hilfe die Schuld verzinst wird, sind lokal radizierbar. Die Steuereinnahmen T_i richten sich nicht nach den Ausgaben, sondern nach der Versorgung mit kommunalen Gütern. Von der distributiven und kompensatorischen Funktion der öffentlichen Haushalte wird hier abstrahiert.

$$T_i = V_i \qquad\qquad Vi \qquad (61)$$

Ist die räumliche Verteilung der Steuerbasis B_i vorgegeben, dann ist mit der gewünschten Versorgung auch der Steuersatz τ_i festgelegt:

$$\tau_i = T_i \ / \ B_i \qquad\qquad Vi \qquad (62)$$

Die kommunale Hebesatzautonomie korrespondiert mit der kommunalen Versorgungsautonomie, die wegen der räumlichen Spillovers offenbar begrenzt ist. Die Hebesatzautonomie findet in dem Recht Ausdruck, die kommunale Versorgung zu bestimmen. Der Finanzausgleich dient dazu, den Unterschied zwischen Finanzbedarf und Steuerkraft auszugleichen. Das heißt in diesem Modell, daß die Differenz zwischen Kosten und Versorgung die Höhe der Zuweisung Z_i bedingt:

$$Z_i = C_i + \kappa K_i - T_i \qquad\qquad Vi \qquad (63)$$

Ist der Input einer zentralen Gemeinde größer als ihre
Versorgung, dann empfängt diese Gemeinde von den Nachbargemeinden eine Kompensation, andernfalls ist die Zuweisung
negativ. Damit ist gewährleistet, daß die Summe der Zuweisungen Null ist:

$$\sum_{i=1}^{n} z_i = 0 \qquad (64)$$

Durch dieses Modell wird die Struktur des optimalen Finanzausgleichs betont, eine Operationalisierung bleibt
zu leisten.

6.DIE VERFLECHTUNG DER STÄDTE IM WIRTSCHAFTSRAUM

Der Blickwinkel der Analyse wird im sechsten Abschnitt
erweitert, um die kommunale Staatstätigkeit in den volkswirtschaftlichen Rahmen einzuordnen. Zu Beginn wird die
regionale Konzentration der ökonomischen Aktivitäten analysiert - der Abschnitt 6.1. führt damit fort, was über
die Zentralisierung der Gemeindeaufgaben gesagt wurde.
Im zweiten Schritt wird der Versuch unternommen, Städte
zu typisieren und typische Städte zu benennen. Dadurch
wird der Hintergrund geschaffen, vor dem die funktionale
Spezialisierung der Städte zu sehen ist. Danach wird die
Verkehrsgunst der Städte und deren ökonomischer Einfluß
untersucht. Das dabei angewandte Verfahren, die Potentialkonzeption, diente bereits der Versorgungsanalyse.
In der Diskussion um regionale Wertgrößen wird immer wieder darauf hingewiesen, daß ein Teil der räumlichen Unterschiede (z.B. im Einkommen) auf Preisdifferenzen zurückzuführen ist. Allerdings ist es schwierig, Informationen
über die regionale Preisstruktur zu erhalten. Ein Preis,

der gewiß nicht für alle repräsentativ ist, ist der Bo-
denwert, dessen Bestimmungsgründe in Abschnitt 6.4. betrachtet werden.

6.1. Die regionale Konzentration der ökonomischen Akti-
vitäten

Ziel dieses Abschitts ist zu überprüfen, ob und in welcher Weise die ökonomischen Aktivitäten zentralisiert
sind. Als Kenngröße für die ökonomische Aktivität werden
vor allem die Beschäftigten gewählt - differenziert nach
den neun Wirtschaftsabteilungen. Ergänzend wird außerdem
die Struktur des Bruttoinlandsproduktes herangezogen. Das
Ausmaß der Konzentration, bezogen auf die Bevölkerung,
wird gemessen und im Längsschnitt verfolgt. Daran anschlies-
send können die ökonomischen Aktivitäten in zentrale und
disperse eingeteilt werden. Die Faktorenanalyse belegt
erneut, daß die Städte sich auf gewisse zentrale Funktionen spezialisieren.

6.1.1. Funktionale Zentralisierung

Nach Christaller[1] existiert zwischen Stadt und Umland
eine Arbeitsteilung, die Stadt spezialisiert sich auf
zentrale Funktionen, das Umland auf disperse Aktivitäten.
Als Maß für die Zentralisierung wird auch hier die Elastizität betrachtet, bezogen auf die Bevölkerung. Die sektorale Struktur wird mit Hilfe der Arbeitsstättenzählung
erfaßt - Eingang finden die Beschäftigten für die neun
Wirtschaftsabteilungen. In Tabelle 30 ist die Konzentration der Beschäftigten in den Groß- und Mittelstädten

---

1) W. Christaller, Die zentralen Orte in Süddeutschland,
   Wissenschaftliche Buchgesellschaft, Darmstadt 1968

T a b e l l e   3 0

Konzentration der Beschäftigten in den Groß- und
Mittelstädten der Bundesrepublik Deutschland 1961
und 1970, bezogen auf die Einwohnerzahl
(e: Elastizität, r^2: Bestimmtheitsmaß)

Wirtschaftsabteilung	1961		1970	
	e	r^2	e	r^2
Energie, Bergbau, Wasser			1,32	0,51
verarbeitendes Gewerbe	1,05	0,80	1,06	0,81
Bau	1,08	0,94	1,07	0,91
Handel	1,15	0,94	1,16	0,92
Nachrichten, Verkehr	1,27	0,83	1,33	0,82
Kredit, Versicherungen	1,36	0,83	1,39	0,81
Dienstleistungen	1,15	0,93	1,20	0,93
Organ. o. Erwerbschar.	1,28	0,77	1,19	0,76
Gebietskörperschaften	1,20	0,81	1,17	0,77

Quellen:

Eigene Berechnungen
Arbeitsstättenzählungen 1961 und 1970 in
Statistisches Jahrbuch Deutscher Gemeinden 1963, Hg.
Deutscher Städtetag, Braunschweig: Waisenhaus 1963

Statistisches Jahrbuch Deutscher Gemeinden 1973, Hg.
Deutscher Städtetag, Braunschweig: Waisenhaus 1973

120 ausgewählte Städte

der Bundesrepublik 1961 und 1970 aufgeführt. Zunächst soll
erörtert werden, in welcher Weise die Aktivitäten 1970
zentralisiert sind, um dann die Entwicklung zwischen den
Zählungen zu diskutieren. Zu den hochzentralen Funktionen
zählen Kredit und Versicherungen, Nachrichten und Vekehr,
Energie, Bergbau und Wasser. Die niederzentralen Funktionen
umfassen dagegen das verarbeitende Gewerbe und das Baugewerbe. Mittlere Zentralität besitzen die Aktivitäten
Handel, Gebietskörperschaften und Organisationen ohne
Erwerbscharakter. Dezentrale Funktionen treten nicht auf,
da der Agrarsektor ausgeklammert bleibt, der geringe Konzentrationsgrad für das verarbeitende Gewerbe weist darauf
hin, daß die Standortwahl der Industrie neutral zwischen
Groß- und Mittelstadt ist. Je höher die Elastizität, desto
geringer der Erklärungsgrad, was die Vermutung stützt,
daß die Städte sich auf gewisse zentrale Funktionen spezialisieren. Überraschend ist, daß die Abteilung Energie,
Bergbau, Wasser eine Elastizität von 1,32 besitzt, indes
ist das Bestimmtheitsmaß vergleichsweise gering, besonders
in diesem Sektor sind spezifische Standortfaktoren maßgebend.

In den Figuren 16 und 17 sind die Konzentrationskurven
für die Abteilungen Energie, Bergbau und Wasser sowie
Dienstleistungen abgebildet. Die charakteristische Linkskrümmung ist nicht vorhanden, da der Maßstab doppeltlogarithmisch ist, die Figuren dienen vielmehr dazu, die funktionale Differenzierung anschaulich zu machen. Die Punkte
markieren die Lage der 120 ausgewählten Groß- und Mittelstädte in dem angegebenen Koordinatensystem. Bei gleicher
Einwohnerzahl streut der Anteil der Beschäftigten in der
Abteilung Energie, Bergbau und Wasser stark, in der Abteilung Dienstleistungen dagegen geringer.

Als Maßstab für die Versorgung der Bevölkerung mit zen-

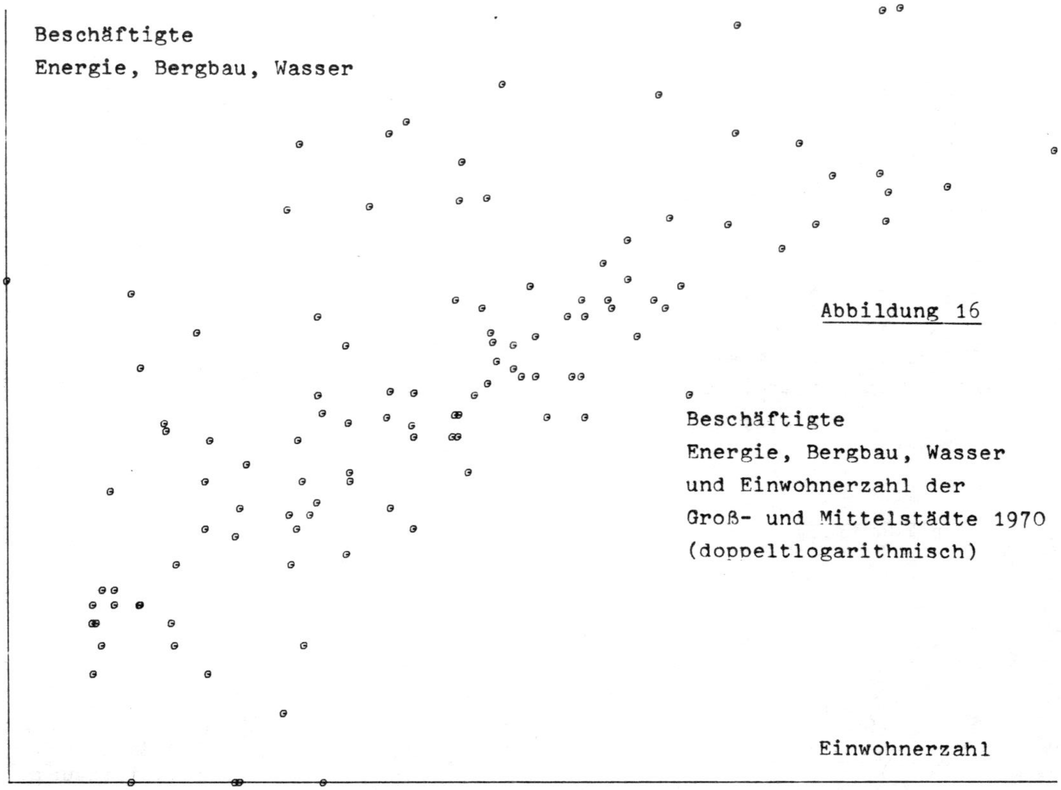

Abbildung 16

Beschäftigte
Energie, Bergbau, Wasser
und Einwohnerzahl der
Groß- und Mittelstädte 1970
(doppeltlogarithmisch)

Beschäftigte
Energie, Bergbau, Wasser

Einwohnerzahl

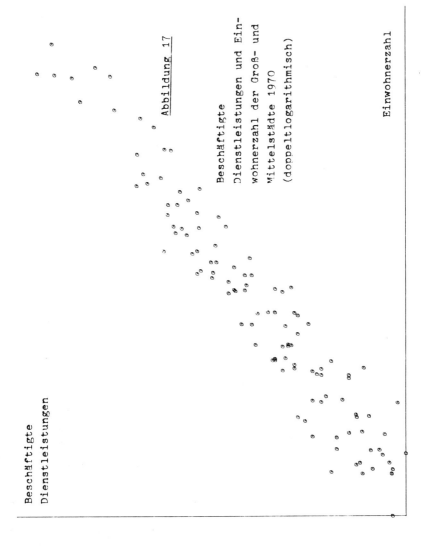

Abbildung 17

Beschäftigte
Dienstleistungen und Ein-
wohnerzahl der Groß- und
Mittelstädte 1970
(doppeltlogarithmisch)

Beschäftigte
Dienstleistungen

Einwohnerzahl

tralen Gütern ist letztlich nicht die Zuordnung zur Einwohnerzahl, sondern die Verteilung über den Wirtschaftsraum entscheidend. Wie bereits ausgeführt[1], eignet sich
die Potentialzeichnung in besonderer Weise, das Versor-
gungsniveau der Teilräume anzugeben. Die Potentialzeichnung bietet sich für zentrale Funktionen an, weil das Potential die Interaktion zwischen Zentrum und Umland reprä-
sentiert. In Figur 18 ist exemplarisch das Potential für
die zentrale Aktivität Dienstleistungen abgebildet. Ein
Vergleich mit dem Bevölkerungspotential belegt, daß die
Versorgung mit Dienstleistungen zentralisiert und gleichmäßig ist. Die zweite Versorgungslinie von unten umfaßt
sämtliche Zentren, die dritte Versorgungslinie schließt
sich um die Regionen Rhein-Ruhr, Rhein-Main, Hamburg,
Bremen, Hannover und Stuttgart, die vierte Versorgungslinie verbindet den Raum Rhein-Ruhr mit dem Raum Rhein-Main.
Analog kann die Versorgung mit anderen zentralen Gütern
analysiert und verglichen werden.

Haben Verschiebungen in der regionalen Konzentration der
Beschäftigten zwischen den Arbeitsstättenzählungen 1961
und 1970 stattgefunden? Tabelle 30 erlaubt folgende Ant-
wort: In dem privaten Bereich hat die Konzentration zugenommen, in den Abteilungen Gebietskörperschaften und Organisationen ohne Erwerbscharakter dagegen abgenommen.

6.1.2. Funktionale Spezialisierung

Die Spezialisierung der Städte auf zentrale Funktionen
wird mit Hilfe der Faktorenanalyse diskutiert, die in
Abschnitt 5.5.2. skizziert worden ist. Die Datenbasis
bilden die Anteile der Wirtschaftsabteilungen an den

---

1) Vgl. Abschnitt 5.6.

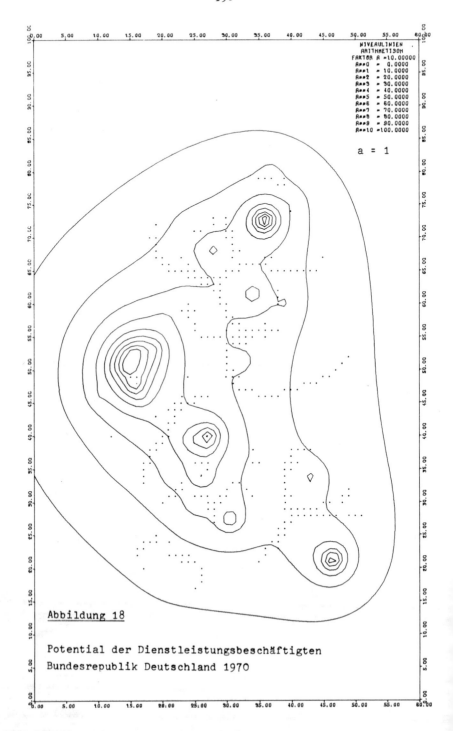

Abbildung 18

Potential der Dienstleistungsbeschäftigten
Bundesrepublik Deutschland 1970

Beschäftigten 1970, um den Skaleneffekt zu eliminieren.
Der Chi-Quadrat-Test ergibt, daß die Abweichung der Korrelationsmatrix von der Einheitsmatrix mit einer Sicher-
heitswahrscheinlichkeit von 99 % nicht zufällig ist.
Unter den verschiedenen Varianten zeichnet sich die Varimax-
Rotation dadurch aus, daß ihre Interpretation ökonomisch
sinnvoll ist. Drei unabhängige Faktoren werden extrahiert,
die 66 % der Streuung erklären. Der erste Faktor (37 %)
wird durch folgende Ladungen charakterisiert, die dem Betrage nach größer als 0,4 sind:

Beschäftigte verarbeitendes Gewerbe / Beschäftigte - 0,63
Beschäftigte Bau / Beschäftigte   0,73
Beschäftigte Handel / Beschäftigte   0,77
Beschäftigte Dienstleistungen / Beschäftigte   0,72

Die Aktivitäten, die den ersten Faktor hoch laden, besitzen
eine niedrige bis mittlere Zentralität. Der erste Faktor
soll als Handelsfaktor interpretiert werden, weil das
verarbeitende Gewerbe negativ lädt, während die Sektoren
Dienstleistungen und Bau positiv mit der Wirtschaftsabteilung Handel kovariieren. Der zweite Faktor (27 %)
korreliert negativ mit den Beschäftigten des Sektors Bergbau, Energie und Wasser:

Besch. Energie, Bergbau, Wasser / Beschäftigte   - 0,82
Beschäftigte Nachrichten, Verkehr / Beschäftigte   0,67
Beschäftigte Kredit, Versicherungen / Beschäftigte   0,52

Wie beim ersten Faktor ist die Interpretation nicht einfach,
die Bezeichnung Energiefaktor ist nicht hinreichend. Hier
interessiert allerdings mehr die Gruppierung der Variablen denn die konventionelle Benennung der Faktoren. Der
zweite Faktor wird von der hochzentralen Funktion Nachrich-

ten und Verkehr positiv geladen, die sich damit als Anta-
gonist zur Funktion Energie, Bergbau und Wasser erweist.
Der dritte Faktor (36 %) wird aus diesen Ladungen interpretiert:

Beschäftigte verarbeitendes Gewerbe / Beschäftigte - 0,72
Beschäftigte Kredit, Versicherungen / Beschäftigte   0,66
Besch. Organisat. o. Erwerbschar. / Beschäftigte   0,71
Beschäftigte Gebietskörperschaften / Beschäftigte   0,61

In Anlehnung an das verarbeitende Gewerbe soll dieser
Faktor Industriefaktor genannt werden. Aufgrund der Be-
schäftigtenstruktur können drei unabhängige Stadttypen
diskriminiert werden: Die Handelsstadt, die Energiestadt
und die Industriestadt. Die Aussagekraft dieser Typologie
ist indes allein schon deshalb begrenzt, weil die Strukturen nur schwach ausgeprägt sind. Hier steht dagegen die
Spezialisierung im Vordergrund, die sich auf drei Ebenen
abspielt: Je größer der Anteil des verarbeitenden Gewerbes, desto geringer der Anteil des Handels. Je größer der
Anteil des Sektors Energie, Bergbau und Wasser, desto geringer der Anteil der Abteilung Nachrichten und Verkehr.
Und: Je größer die Quote des verarbeitenden Gewerbes, desto
geringer der Anteil des Sektors Organisation ohne Erwerbscharakter. Die Alternativhypothesen zur Spezialisierung
lauten: Die zentralen Städte spezialisieren sich auf ausgewählte zentrale Funktionen, die deshalb negativ korreliert sind. Oder: Die zentralen Städte spezialisieren
sich auf alle zentralen Funktionen, die deshalb positiv
kovariieren. Wie schon die Korrelationsanalyse andeutet,
bestätigt sich die erste Hypothese nicht[1]. Eine ausge-

---

1) Der Zusammenhang zwischen dem Anteil der Abteilungen
   Nachrichten und Verkehr einerseits sowie Kredit und
   Versicherungen andererseits ist positiv (r = + 0,46).

T a b e l l e   3 1

Die Wirtschaftsstruktur der Kreise und kreisfreien Städte der Bundesrepublik Deutschland 1966 (Korrelationsanalyse)

	Brutto-inlands-produkt/ Fläche	BIP Land-wirtschaft/ BIP	BIP Industrie/ BIP	BIP Dienst-leistungen/ BIP	BIP Einpendler/ Fläche
BIP Landwirtschaft/ BIP	-0,43				
BIP Industrie/ BIP	0,14	-0,55			
BIP Dienstleistungen/ BIP	0,31	-0,23	-0,49		
Einpendler/ Fläche	0,64	-0,15	0,02	0,15	
Wirtschaftsbe-völkerung/Fläche	0,95	-0,47	0,12	0,37	0,46

Quelle: Eigene Berechnungen

Das Bruttoinlandsprodukt der kreisfreien Städte und Landkreise 1957, 1961, 1964 und 1966, Gemeinschaftsveröffentlichung der Statistischen Landesämter, H.3, 1968

prägte Arbeitsteilung bei den zentralen Funktionen - hier
Dienstleistungsstadt, dort Kreditstadt - wäre regionalökonomisch auch nicht sinnvoll.

Die Analyse soll dadurch abgerundet werden, daß die länd-
lichen Räume einbezogen werden. Die Verflechtung mit den
städtischen Verdichtungsgebieten, die überörtliche Aufgaben
erfüllen, spiegelt sich in der Analyse der Landkreise
und kreisfreien Städte. Abweichend von den voraufgegangenen Abschnitten wird an dieser Stelle eine Korrelationsanalyse für die Anteile am Bruttoinlandsprodukt für alle
Kreise durchgeführt. Die Rohdaten sind so normiert, daß
die unterschiedliche Kreisgröße eliminiert wird. Die regionale Konzentration der ökonomischen Aktivitäten kann
wiederum an der Verteilung der Bevölkerung gemessen werden.
Konkret wird die Dichte betrachtet, die die Wirtschaftsbevölkerung in einem Kreis induziert. Die Wirtschaftsbevölkerung setzt sich aus der Wohnbevölkerung und den Einwohnern zusammen, die den Einpendlern zuzurechnen sind.
Der Korrelationskoeffizient zwischen der Bevölkerungsdichte und der Agrarquote ist negativ (- 0,47), zwischen
Dichte und Industriequote nahe Null (+0,12), zwischen
Dichte und Dienstleistungsanteil positiv (+0,37). Damit
bekräftigt die Kreisanalyse, daß die Landwirtschaft dispers, die Industrie neutral und die Dienstleistungen zentral siedeln.

6.2. Typisierung von Städten

Die Spezialisierung der Städte auf zentrale Funktionen
wurde oben mit Hilfe der Faktorenanalyse geprüft, das
gilt sowohl für die Komponenten der kommunalen Staatstätigkeit als auch für die sektorale Beschäftigtenstruk-
tur. Nunmehr wird der Rahmen weiter gesteckt, um die all-

gemeine ökonomische Struktur der Städte zu beleuchten.
Es werden wesentliche urbane Einflußgrößen faktoranalytisch
untersucht, um die Städte zu typisieren und typische
Städte zu identifizieren[1].

Dieser Studie liegen Informationen über 120 Gemeinden der
Bundesrepublik Deutschland 1971 zugrunde, die vor allem
dem einschlägigen Statistischen Jahrbuch Deutscher Gemeinden[2] entnommen sind. Die Großstädte (über 100.000
Einwohner) werden vollständig berücksichtigt, die Mittelstädte (20.000 bis 100.000 Einwohner) anhand einer zufälligen Stichprobe. Wie eingangs schon betont, basiert
diese Studie auf langfristig stabilen Kenngrößen, so daß
kurzzeitige Schwankungen nicht durchschlagen können. Die
Varimaxrotation mit 8 Faktoren führt zu einer besonders
sinnvollen Interpretation der 31 Kommunalvariablen. Diese 8 Faktoren, die nunmehr erläutert werden sollen, erklären 75 % der totalen Streuung. Auf die einzelnen Faktoren entfallen dabei folgende Erklärungsbeiträge:

Faktor	extrahierte Varianz (%)
1	20
2	18
3	13
4	10
5	13
6	11
7	9
8	6
Summe	100

---

1) Vgl. P. Klemmer, Die Faktorenanalyse im Rahmen der Re-
   gionalforschung, in: RR, 1971, H.1

2) Statistisches Jahrbuch Deutscher Gemeinden 1973, Hg.
   Deutscher Städtetag, Braunschweig: Waisenhaus 1973
   Die Beschäftigungsdaten stammen aus der Arbeitsstätten-
   zählung 1970

Faktor 1 ist durch folgende Variablen charakterisiert,
deren Ladungsbetrag größer als 0,4 ist:

Lohn- und Gehaltssumme / Beschäftigte	0,82
Beschäftigte Bau / Beschäftigte	- 0,41
Einwohnerdichte	0,54
Einwohnerzahl	0,44
Erwerbsquote	0,45
Ausländer / Einwohner	0,58
Kommunale Ausgaben / Einwohner	0,71
Personalausgaben / Einwohner	0,53
Verwaltungsausgaben / Einwohner	0,57
Allgemeine Deckungsmittel / Einwohner	0,80
Gemeindeschulden / Einwohner	0,59

Die Mehrzahl dieser kommunalen Daten wurde normiert,
z.B. auf die Beschäftigten oder auf die Einwohnerzahl,
um die unterschiedliche Gemeindegröße zu berücksichtigen
und die Strukturen zu erfassen. Dabei zeigt sich: Kräftig
ist der Zusammenhang zwischen Faktor 1 und der Lohn-
und Gehaltssumme je Beschäftigten. Aus der Lohn- und Gehaltssumme werden die Steuereinnahmen gespeist, so daß
auch die Allgemeinen Deckungsmittel, die auf den Einwohner entfallen, eine hohe Ladung besitzen. Diese gün-
stige Finanzausstattung erklärt auch, daß der partielle
Korrelationskoeffizient zwischen Faktor 1 und den kommunalen Ausgaben je Einwohner (nämlich die Ladung) 0,71
beträgt. Deshalb soll der erste Faktor als Produktivität der Gemeinde interpretiert werden.

Der zweite Faktor ist durch sechs deutliche Ladungen ausgezeichnet:

Beschäftigte verarbeit. Gewerbe / Beschäftigte	0,66
Beschäftigte Handel / Beschäftigte	- 0,81

Beschäftigte Verkehr, Nachrichten / Beschäftigte - 0,70
Beschäftigte Dienstleistungen / Beschäftigte   - 0,72
Erwerbstätige Gewerbe / Erwerbstätige   0,69
Erwerbstätige Handel, Verkehr / Erwerbst.   - 0,85

Erwerbstätige werden an ihrem Wohnsitz gezählt, während
Beschäftigte am Arbeitsplatz erfaßt werden. Dieser Unterschied spielt hier keine große Rolle, weil Wohnsitz
und Arbeitsplatz meist in derselben Gemeinde liegen.
Faktor zwei wird durch die Beschäftigten im verarbeitenden Gewerbe und durch die Erwerbstätigen im produzierenden Gewerbe (Bergbau, Energie, Wasser, verarbeitendes
Gewerbe, Bau) positiv geladen. Da gleichzeitig die Beschäftigten in Handel, Verkehr, Nachrichten und Dienstleistungen negativ laden, können anhand der Werte des
Faktors 2 typische Industrie- und Handelsstädte bestimmt
werden, wobei diese beiden Fälle sich tendenziell aus-
schließen. Dagegen kann nicht gefolgert werden, daß die
"Industriestadt" (Faktor 2) produktiver (Faktor 1) ist
als die "Handelsstadt".

Aus den signifikanten Ladungen des dritten Faktors ergibt sich der Typ "Bergbaustadt":

Beschäftigte Bergbau, Energie, Wasser / Besch. 0,76
Einwohner über 65 Jahre / Einwohner   - 0,44
Erwerbsquote   - 0,69
erwerbstätige Frauen / Erwerbstätige   - 0,74
Fremdenbetten / Einwohner   - 0,40

In der typischen Bergbaustadt ist die Erwerbsquote, auch
die der Frauen, niedrig, Rentner verbringen dort nicht
ihren Lebensabend, nicht zuletzt, weil diese Stadt keinen
hohen Freizeitwert hat.

Faktor 4 wird durch diese partiellen Korrelationskoeffi-
zienten gekennzeichnet:

Einpendler / Einwohner	0,80
Schüler und Studenten / Einwohner	0,77
Einwohner	- 0,59
Einwohnerdichte	- 0,40

Auf den ersten Blick sind die angegebenen Ladungen wi-
dersprüchlich. Z.B. werden die Einpendler vor allem in
den dicht besiedelten Großstädten erwartet, während diese
Einflußgrößen hier antagonististisch wirken. Dabei ist zu
bedenken, daß hier nicht die absolute Zahl der Einpendler betrachtet wird, sondern ihr Anteil an der Bevölkerung
der Zielgemeinde (Arbeitsplatz). Wird der stark positive
Einfluß der Schüler und Studenten hinzugenommen, dann ist
zu folgern, daß vor allem die Hochschulen und Fachhoch-
schulen diese Pendelwanderungen induzieren. Diese charak-
teristischen "Universitätsstädte" sind Mittelstädte, die
bei weitem nicht alle Studenten beherbergen können und
deshalb eine hohe Einpendlerquote aufweisen.

Die fünfte typische Strukturvariable heißt Bevölkerungs-
wachstum. Dieser Name rechtfertigt sich aus den folgenden
Faktorenladungen:

Zunahme der Einwohner / Einwohner	0,94
Wanderungsgewinn / Einwohner	0,91
Geburtenüberschuß	0,53
Einwohner über 65 Jahre / Einwohner	- 0,50

Die für die Einwohner besonders attraktiven Städte besitzen die höchsten Wachstumsraten. Diese starke Bevöl-
kerungszunahme ist auf zwei Ursachen zurückzuführen, auf

den Wanderungsgewinn (netto) und auf den Geburtenüber-
schuß, der in diesen "jungen" Städten kräftig ausgebildet
ist. Gleichzeitig sind es die jungen Einwohner, die mobil
genug sind, in die attraktiven Wachstumszentren zu ziehen.

Faktor sechs wird durch drei Ladungen charakterisiert,
die dem Betrage nach über 0,4 liegen :

Wohnungen / Einwohner	0,85
Räume / Einwohner	0,91
Einwohner über 65 Jahre / Einwohner	0,53

Dieser Faktor soll Wohnungsversorgung heißen, weil die
Zahl der Wohnungen und der in ihnen befindlichen Räume,
die auf einen Einwohner entfallen, positiv mit ihm
kovariieren. Offensichtlich werden die Städte, deren
Wohnungsversorgung gut ist, durch einen hohen Anteil
von Rentnern geprägt. Zum Teil ist die Wohnungsversorgung deshalb günstiger, weil die jüngeren Bewohner zuvor die Stadt verlassen haben.

Schwierig ist die Auslegung von Faktor sieben, der fol-
gendermaßen korreliert ist:

Beschäftigte Organisationen o. Erwerbschar./ Besch.	0,77
Beschäftigte Kredit und Versicherungen / Beschäft.	0,61
Beschäftigte verarbeitendes Gewerbe / Beschäft.	- 0,50
Verwaltungsausgaben / Einwohner	0,44

Zu den Organisationen ohne Erwerbscharakter rechnen
insbesonders die Kirchen und Gewerkschaften. Im Verein
mit den Beschäftigten der Abteilung Kredit und Versiche-
rung wird kein Stadttyp begründet. Gemeinsam ist den positiv ladenden Variablen allerdings, daß sie einem Teil

des Dienstleistungssektors entstammen. Meines Erachtens
sollte dieses Problem weiter verfolgt werden.

Der achte und letzte Faktor ist die kommunale Staatstätigkeit. Die einzige signifikante Ladung rührt vom Staat
her:

Beschäftigte Gebietskörperschaften / Beschäftigte 0,80

Dieser Gemeindetyp mag als Verwaltungsstadt bezeichnet
werden, wobei der Begriff Verwaltung weiter gefaßt ist
als üblich. Darunter fallen nicht nur die Allgemeine und
Finanzverwaltung, sondern auch alle anderen Zweige der
kommunalen Aktivität wie Schulunterricht, Gesundheitspflege und Sozialhilfe.

Mit Hilfe der Faktorenanalyse konnten also diese unab-
hängigen Faktoren und Stadttypen ermittelt werden:

Produktivität	produktive Stadt
Industrialisierung	Industriestadt
Bergbau	Bergbaustadt
Universität	Universitätsstadt
Bevölkerungswachstum	wachsende Stadt
Wohnungsversorgung	-
Kommunalisierung	Verwaltungsstadt

Da die Faktoren orthogonal sind, handelt es sich um ein
multidimensionales Schema, so daß die typische Verwaltungsstadt z.B. nicht zugleich typische Industriestadt, produktive Stadt, Bergbaustadt, Universitätsstadt, attrak-
tive Stadt oder deren Gegenteil ist; Ausnahmen bilden nicht
die Regel.

Anhand der Faktorwerte, die hier nicht abgedruckt sind,
können typische Städte identifiziert werden. Zu den pro-
duktiven Städten rechnen vor allem Frankfurt, Düsseldorf,
Stuttgart, Mannheim, Ludwigshafen und Leverkusen. Der
zweite Faktor gestattet, Handelsstädte (z.B. Hamburg,
Bremen, Bremerhaven, Norderstedt, Lövenich) und Industrie-
städte (z.B. Pforzheim,Troisdorf, Schwenningen am
Neckar und Plettenberg)   zu unterscheiden. Aus dem Anteil
des Sektors Bergbau, Energie und Wasser kann auf typische
Bergbaustädte geschlossen werden, da diese Aktivität regional stärker konzentriert ist: Recklinghausen, Bottrop,
Castrop-Rauxel, Marl, Herten, Waltrop und Werne an der
Lippe. Als charakteristische Universitätsstädte seien
Saarbrücken, Gießen und Siegen genannt. Es handelt sich
nicht notwendig um die Städte mit den meisten Studenten,
bedeutsam ist vielmehr die Größe der Universität in Relation zur Einwohnerzahl. Berlin ist eine Stadt mit guter
Wohnungsversorgung par excellence, was indes auch auf
die starke Abwanderung zurückzuführen ist. Wachstumszentren (z.B. Norderstedt, Monheim, Lövenich, Fürstenfeldbruck) sind mit Vorsicht zu bestimmen, weil die Gebietsreform einen verzerrenden Einfluß ausübt. Als typische
Verwaltungsstädte im obengenannten Sinn gelten Berlin,
Bonn und Münster.

Abschließend sei noch einmal darauf hingewiesen: Betrachtet wird nicht der absolute, sondern der relative Einfluß
der städtischen Merkmale. Die bereits genannten Grenzen
der Faktorenanalyse müssen auch an dieser Stelle bedacht
werden.

6.3. Die Verkehrsgunst der Städte

Im Anschluß an die Faktorenanalyse stellt sich die Frage,

welche Bedeutung die regionale Erreichbarkeit für die
Struktur der Städte besitzt. In dem Abschnitt, welcher
der Versorgung mit öffentlichen Gütern gewidmet war, wurde
gezeigt, daß das Bevölkerungspotential ein Maß für die
Verkehrsgunst der Städte ist. In dieser Studie wird das
Bevölkerungspotential der 60 Großstädte in der Bundesrepublik Deutschland 1971 bestimmt. Die Beschränkung auf die
Großstädte ist unter der Annahme zu rechtfertigen, daß
die Bevölkerungsverteilung der Großstädte repräsentativ
für das räumliche Muster aller Einwohner der Bundesrepublik ist.

Zunächst wird eine Reihe von Hypothesen formuliert, die den
Einfluß der Verkehrsgunst betreffen. Als Entfernungsexponent erweist sich dabei der Wert a = 1 als besser geeignet. Da das Potential eine Art Dichtemaß mit Fernwirkung
ist, steht zu erwarten, daß die Bevölkerungsdichte positiv
mit dem Potentialwert kovariiert. Transportkostenabhängig
ist die Standortwahl des produzierenden Gewerbes. Deshalb
ist zu vermuten, daß der Anteil dieses Sektors, ausgedrückt
in der Zahl der Erwerbstätigen, mit der Verkehrsgunst
zunimmt. Dieses Argument gilt speziell für die Beschäftigten, die in der Energieerzeugung tätig sind. Die Beschäftigten in der Wirtschaftsabteilung Nachrichten und Verkehr gehören überwiegend der Bundesbahn und der Bundes-
post an, die vermutlich die Arbeitsstätten entsprechend
der allgemeinen Verkehrgunst ansiedeln. Weil die Beschäftigten der Gebietskörperschaften nicht nur die Einwohner
der Wohngemeinde mit staatlichen Dienstleistungen versorgen, sondern starke überörtliche Funktionen wahrnehmen,
soll geprüft werden, ob die Quote dieser Abteilung der
Wirtschaftszweige mit der Erreichbarkeit wächst.

Das Material für die Großstädte der Bundesrepublik führt
zu folgenden Resultaten. Die Einwohnerdichte ist in der

Tat positiv mit der Verkehrsgunst korreliert (r = + 0,41),
eine Erscheinung, die bei steilerem Potentialgebirge
(a = 2) klarer ausgeprägt ist. Die Erwerbstätigen des produzierenden Gewerbes sind deutlich in gut erreichbaren
Standorten konzentriert (r = + 0,63), was die einschlägige Hypothese validiert. Dieses Phänomen verträgt sich
durchaus mit der Tatsache, daß industrielle Produktion
weder zentral noch dispers orientiert ist. Dagegen sind
weder die Beschäftigten der Abteilung Nachrichten und
Verkehr (r = - 0,48) noch die Beschäftigten der Gebietskörperschaften (r =-0,54) gemäß dem Potential alloziert.
Als Ursache darf vermutet werden: Sowohl in der Wirtschaftsabteilung Nachrichten und Verkehr als auch bei den Gebietskörperschaften ist die Standortwahl durch historische
Einflüsse bedingt, die heute überholt sind. Die räumliche
Verteilung der staatlichen Aktivitäten ist politisch
motiviert: Bonn ist Bundeshauptstadt, Berlin wird als
Insel gestärkt, andere Städte sollen durch Ansiedlung
von Bundesbehörden einen Wachstumsimpuls erhalten.

6.4. Kommunale Preisunterschiede am Beispiel der Boden-
     preise

Die regionalen Einkommensunterschiede, bezogen auf die
Bevölkerung, werden oftmals mit dem Hinweis relativiert,
daß ein Großteil nur die räumlichen Preisunterschiede
ausgleicht. Hier kann nicht der Ort sein, das schwierige
Problem zu verfolgen, örtliche Preisindizes zu schätzen.
Als ein wichtiger Preis, der in der Diskussion der letzten
Jahre eine gewichtige Rolle gespielt hat, soll der Boden-
wert analysiert werden.

Einige Bemerkungen zur Datenbasis. Die 33 größten Städte
der Bundesrepublik Deutschland 1971 liegen dieser Aus-

wertung zugrunde[1]. Da Gebäude- und Grundstückswert nicht
leicht zu trennen sind, wird als Indikator und pars pro
toto der Baulandpreis je m^2 Bauland gewählt[2]. Das Bauland
ist nicht bebaut, sondern im einschlägigen Bebauungsplan
zur Bebauung freigegeben. Somit spiegelt der Baulandpreis
das Niveau der Bodenwerte einer Stadt wider. Untersucht
wurden die Quadratmeterpreise für die Komponenten Baureifes
Land, Rohbauland und Sonstiges Bauland (Industrieland,
Land für Verkehrszwecke, Freiflächen). Allerdings sollen
in diesem Rahmen nur die Resultate für die Baulandarten
insgesamt referiert werden.

Zuvor jedoch zu den inhaltlichen Überlegungen. Das Angebot an Bauland, so wird oft gesagt, ist unelastisch,
oder der Staat fixiert es in den Bebauungsplänen. Die
Nachfrageseite hingegen soll aus der ökonomischen Aktivität der betreffenden Stadt hergeleitet werden. Als
Kenngröße empfiehlt sich, wie oben, die Bevölkerung
oder das Bruttoinlandsprodukt. Es ist die Bevölkerung,
die als privater oder kommerzieller Bauherr Grund und
Boden nachfragt. Daß die Großstädte die höchsten Bodenpreise aufweisen, ist zwar ein locus communis, gleichwohl der Überprüfung wert. Das Angebot an Grund und Boden
läßt sich abschätzen, indem die Bevölkerungsdichte gebildet wird. Entfällt dabei auf den einzelnen Nachfrager
nur eine geringe Fläche, so soll angenommen werden, das
Angebot sei gering. Hohe Bevölkerungsdichte impliziert
also hohe Baulandpreise. Letztlich ist jedoch nicht die

---

1) Statistisches Jahrbuch für die Bundesrepublik Deutschland 1973, Hg. Statistisches Bundesamt, Stuttgart:
   Kohlhammer 1973, S. 458

2) Es sind die realisierten Transaktionen, die aktuell,
   und der Bestand, der potentiell die Marktpreise
   bilden.

   Vgl. O. Aule, Analyse der Bodenpreise in der Bundesrepublik Deutschland unter regionalen Gesichtspunkten,
   München: Institut für Wirtschaftsforschung 1967

Zahl der Nachfrager, sondern ihre Kaufkraft maßgeblich,
die im Bruttoinlandsprodukt begründet ist. Hier gilt analog: Das Bruttoinlandsprodukt konstituiert die Nachfrage,
seine räumliche Dichte auch das Angebot. Besser als das
absolute Bruttoinlandsprodukt ist der Betrag geeignet,
der je Einwohner zur Verfügung steht. Dazu kann das Bruttoinlandsprodukt auf die Wohnbevölkerung oder auf die
Wirtschaftsbevölkerung bezogen werdn, die jene um den
doppelten Pendlersaldo ergänzt, also die Beschäftigten
berücksichtigt. Weil die Nachfrage nach Bauland gleichermaßen von den Arbeitsstätten ausgeht, denen die Beschäftigten zugeordnet sind, ist die Wirtschaftsbevölkerung
vorzuziehen.

Der Test der Hypothesen zeigt: Je höher die Einwohnerzahl einer Stadt, desto höher die Baulandpreise dieser
Stadt, wenn auch dieser Zusammenhang nicht überzeugend
ist ($r = + 0,33$). Somit ist die Trivialhypothese nicht
untermauert worden. Einen stärkeren Einfluß hat die
Bevölkerungsdichte, der partielle Korrelationskoeffizient mit dem Baulandpreis beträgt $r = + 0,46$. Die gleiche
Größenordnung besitzt der Zusammenhang mit dem Bruttosozialprodukt ($r = + 0,46$), das besser sinnvoll normiert
wird. Dabei zeigt sich in der Tat, daß der Anteil des
Bruttoinlandproduktes, der auf die Wirtschaftsbevölkerung
entfällt, den Bodenpreis besser erklärt ($r = + 0,55$) als
der Anteil der Wohnbevölkerung ($r = + 0,53$)[1]. Die Nachfrage geht eben nicht nur von den Wohnorten, sondern
auch von den Arbeitsstätten aus. Den besten Fit zeigt
indes die räumliche Dichte des Bruttoinlandsprodukts
($r = + 0,63$). Je stärker das Bruttoinlandsprodukt auf

---

1) Statistisch ist diese Differenz indes nicht signifikant.

die Stadtfläche konzentriert ist, desto höher sind die
Baulandpreise, eine sinnvolle Hypothese, die Nachfrage
(Bruttoinlandsprodukt) und Angebot (Stadtfläche) zusam-
menführt. Nicht zuletzt ist hierin verankert, wie das Aufkommen der Grundsteuer B, die auf Haus- und Grundbesitz
erhoben wird, räumlich streut.

7. RESÜMEE

Die theoretischen Überlegungen und empirischen Beobachtungen, die in dieser Studie angestellt wurden, sollen
prägnant zusammengefaßt werden. Die Empfehlungen, die
daraus abzuleiten sind, werden gesondert dargestellt.
Den Schluß bildet ein Ausblick auf die Probleme, die vor-
dringlich weiter zu verfolgen sind.

7.1. Zusammenfassung der Ergebnisse

Die Finanzschwäche der Kommunen, gegen die von Seiten der
Politik und Wissenschaft stets protestiert worden ist, verringert sich im Verlauf der Finanzreform 1970. Der Anteil
der gemeindlichen Steuereinnahmen am Bruttosozialprodukt
erreicht 1974 mit 3,3 % einen neuen Höchststand. Ein
Instrument, das die Finanzkraft der Kommunen stärken soll,
ist das Finanzausgleichsgesetz. Die Auswirkungen des no-
vellierten Finanzausgleichs werden rückblickend verglichen
und mit Hilfe einer Modellrechnung für das Jahr 1980 simuliert. Dabei ergibt sich: Die Unterschiede zwischen
dem Finanzbedarf und der Steuerkraft werden grundsätzlich
ökonomisch sinnvoll ausgeglichen. Das Land Niedersachsen
empfängt die größte Zahlung, der Stadtstaat Hamburg leistet
den höchsten Beitrag.

Wie bereits angedeutet, ist der Finanzausgleich Korrektiv

in einem System der optimalen Finanzausstattung. Die Geographie der Gemeindeausgaben wird im ersten Schritt untersucht, um im zweiten Schritt die räumliche Verteilung
der Einnahmen zuzuordnen. Das Konzentrationsgesetz der
kommunalen Staatstätigkeit ist in fundamentalen Konzeptionen der Regionalwissenschaft verankert. Interne und
externe Ersparnisse führen zu einer Zentralisierung der
Produktion in den größten Städten, Transportkosten führen
zu einer Dezentralisierung der Aktivitäten. Das Gleichgewicht der zentripetalen und zentrifugalen Kräfte bestimmt
die funktionale Hierarchie der Städte. Die größeren Städte
besitzen ein weiteres Hinterland, und produzieren zusätzliche Güter, die höhere Zentralität besitzen. Aus der
Theorie der zentralen Orte von Christaller[1] kann folgen-
des Konzentrationsgesetz der kommunalen Staatstätigkeit
abgeleitet werden: Vergleicht man zwei Städte, deren Einwohnerzahl sich um 1 % unterscheidet, so ist zu erwarten,
daß die kommunale Staatstätigkeit in der größeren Stadt
um 1,19 % höher liegt, um auch die zentralen Funktionen
zu erfüllen.

Da stets gilt, daß die Ausgaben gleich den Einnahmen sind,
ist die Finanzkraft in der gleichen Weise gesetzmäßig
zentralisiert, das regionalökonomische Räsonnement ist
indes ein anderes. Die regionale Verteilung der Bemessungs-
grundlagen ist an der räumlichen Ordnung der Steuergegen-
stände und der Nutzung kommunaler Leistungen auszurichten.
Die Schuldenaufnahme dient dazu, kommunale Investitionen
zu finanzieren. Die Schuldenaufnahme ist im Gegensatz
zu den Investitionen nicht regional radizierbar, solange

---

1) W. Christaller, Die zentralen Orte in Süddeutschland,
   Darmstadt: Wissenschaftliche Buchgesellschaft 1968

der Kapitalmarkt vollkommen ist, erst der künftige Schuldendienst ist mit einer räumlich differenzierten Last-
verteilung verknüpft. Der Finanzausgleich soll als Korrektiv die Steuerkraft mit dem Finanzbedarf abstimmen
und vor allem zwischen Zentren und ihrem Hinterland ausgleichen.

Die interkommunale Analyse der Gemeindeausgaben führt zu
folgenden Ergebnissen: Die gesetzmäßige Zentralisierung
der kommunalen Staatstätigkeit hat im Verlauf der Finanzreform zugenommen und ist gleichmäßiger geworden. Die Ausgaben sind insofern mit der Finanzreform verknüpft, als
die Steuereinnahmen und Zuweisungen die konsumtiven Ausgaben
nach oben begrenzen. Die Komponenten der Staatstätigkeit
erweisen sich als unterschiedlich konzentriert, abhängig
von der Reichweite der bereitgestellten Güter. Die Städte
spezialisieren sich offenkundig auf ausgewählte zentrale
Funktionen - entweder auf den Gesundheitsdienst oder auf
den Kultur- und Sozialbereich. Diese Arbeitsteilung ist
regionalökonomisch weniger sinnvoll, vor allem, weil die
Transportkosten erhöht werden. Aus der Konzentrationskurve
kann abgelesen werden, welche Städte von der Norm abweichen. Die Situation der betreffenden Städte ist kritisch
zu durchleuchten.

Die Potentialkarte bewährt sich als Instrument, die regionale Versorgung der Bevölkerung mit öffentlichen Gütern
zu überprüfen. Die Potentialkonzeption gestattet zu berücksichtigen, daß die Ausgaben in den zentralen Orten
nicht nur den zentralen Orten selbst, sondern auch ihrem
Hinterland zugute kommen. Die Geographie der regionalen
Versorgung läßt sich nicht in wenigen statistischen Kennziffern sinnvoll ausdrücken. Deshalb ist die thematische
Karte ein potentes Instrument der Regionalanalyse, zumal

das menschliche Auge die komplexen Muster gut überblickt.
Im Zuge der Finanzreform 1970 ist die Versorgung mit
kommunalen Gütern in den Teilräumen der Bundesrepublik
gleichmäßiger geworden. Allerdings sind die Potentiale
der zentralen Funktionen nicht kongruent, die Sozialausgaben sind zum Beispiel gleichmäßiger verteilt als die
Kulturausgaben, die im Raum Rhein-Ruhr und Rhein-Main
konzentriert sind.

Im Anschluß an die Konzentration der Gemeindeausgaben
wird die gesetzmäßige Zentralisierung der Gemeindeeinnahmen resümiert. Im Verlauf der Finanzreform 1970 ist die
Konzentration der Steuereinnahmen von e = 1,25 auf
e = 1,22 gesunken, so daß die Konzentration der Gesamtausgaben approximiert wird. Mit der Beteiligung an dem
Aufkommen aus der Einkommensteuer sind die Abweichungen
von der Konzentrationskurve geringer geworden. Die Allgemeinen Zuweisungen sind stärker zentralisiert, da sie die
überörtlichen Funktionen abgelten sollen. Die Schuldenaufnahme ist, verglichen mit der Steuerkraft und den Investitionen, zu stark konzentriert. Da die Städte sich auf
zentrale Einnahmequellen spezialisieren (Lohnsummensteuer,
Allgemeine Zuweisungen, Schuldenaufnahme), gleichen sich
die Teilkräfte aus, so daß die Konzentration der Einnahmen
derjenigen der Ausgaben entspricht.

Die Untersuchung der kommunalen Einnahmen und Ausgaben
ist eingebettet in eine Analyse der ökonomischen Rahmen-
bedingungen. Den volkswirtschaftlichen Hintergrund für
die kommunale Staatstätigkeit bildet die Verflechtung der
Städte im Wirtschaftsraum. Die regionale Konzentration der
ökonomischen Aktivitäten, die Typisierung von Städten,
deren Verkehrsgunst und kommunale Preisunterschiede am
Beispiel der Bodenpreise werden in diesem Zusammenhang

erörtert. Die angestellten Beobachtungen unterstützen, daß
die ökonomischen Aktivitäten, bezogen auf die Bevölkerung
zentralisiert sind - mit Ausnahme der Landwirtschaft. Alle
anderen Sektoren sind stärker konzentriert als die Einwohner, wenn auch in unterschiedlichem Ausmaß. Die allgemeine Konzentration der Beschäftigten beruht auf den
Pendelwanderungen und den Agglomerationseffekten, die abweichende Zentralisierung der Sektoren ist auf die variie-
rende Reichweite der bereitgestellten Güter zurückzuführen.
Zu den vergleichsweise zentralen Funktionen rechnen Nachrichten, Verkehr, Kredit und Versicherungen, zu den vergleichsweise dispersen Funktionen das verarbeitende und
das Baugewerbe. Im Längsschnitt hat die Konzentration von
1961 bis 1970 zugenommen, wegen der wachsenden Spezialisierung ist die Streuung um die Konzentrationskurve größer
geworden. Wie im Fall der kommunalen Staatstätigkeit taucht
das Problem auf, ob die zentralen Städte sich auf alle
überörtlichen Funktionen spezialisieren oder nur auf einen
Teil. Während für die kommunale Staatstätigkeit eine alter-
native Spezialisierung beobachtet wurde, ergibt sich für
die allgemeine ökonomische Aktivität eine Spezialisierung
auf alle zentralen Funktionen, wie anhand der Faktorenanalyse festgestellt wird. Die Potentialkarte eignet sich
gleichermaßen dazu, die Versorgung mit zentralen Gütern
in den Teilräumen der Bundesrepublik darzustellen. Das
Potential der Dienstleistungsbeschäftigten, das als Beispiel gewählt wird, belegt, daß die Versorgung mit Dienstleistungen gleichmäßig erfolgt.

Bisher wurde das Gefüge der kommunalen Staatstätigkeit
und der Arbeitsplätze untersucht, jetzt mündet die Studie
in eine allgemeine Analyse urbaner Strukturen. Mit Hilfe
der Faktorenanalyse können als ökonomische Idealtypen de-
duziert werden:

Die produktive Stadt
Die Industriestadt
Die Bergbaustadt
Die Universitätsstadt
Die wachsende Stadt
Die Stadt mit guter Wohnungsversorgung
Die Verwaltungsstadt

Die Potentialkonzeption erlaubt, die Verkehrsgunst der
Städte zu ermitteln. Während die Erwerbstätigen des produzierenden Gewerbes in gut erreichbaren Standorten konzentriert sind, gilt für die Beschäftigten der Gebietskörperschaften das Gegenteil.

Die Baulandpreise als lokaler Wertmaßstab und Basis für das
Grundsteueraufkommen werden bestimmt durch das Verhältnis
von Bruttoinlandsprodukt zu Stadtfläche, die Nachfrage
und Angebot von Bauland verkörpern.

7.2. Empfehlungen zur Finanzreform

Die Empfehlungen erstrecken sich auf die Ausgaben von Bund,
Ländern und Gemeinden, sowohl global als auch regional
differenziert. Global gesehen sind die Einnahmen so auf
Bund, Länder und Gemeinden aufzuteilen, daß die verein-
barten Aufgaben ohne einseitige Verschuldung finanziert
werden. Die Hierarchie von Ober-, Mittel- und Unterzentren
ist auszubauen, so daß die Versorgung in den Teilräumen
der Bundesrepublik gleichmäßiger wird. Kriterium dafür ist
nicht die Bevölkerung der Gemeinden, sondern die zugeord-
nete Interaktion, wie sie exemplarisch in der Potentialkarte zum Ausdruck kommt. Die Spezialisierung der zentralen
Städte soll sich auf alle überörtlichen Funktionen beziehen
und nicht nur auf eine Auswahl.

Das Fundament der kommunalen Finanzen soll von den Steuereinnahmen gebildet werden, die Schuldenaufnahme ist auf
die Investitionsausgaben zu beschränken, der Finanzausgleich soll nur als Korrektiv dienen. Aus diesem Grunde
sind die Steuereinnahmen der Gemeinden zu erhöhen, wobei
die Steuerquellen unterschiedlich zu behandeln sind. Die
Gewerbesteuer ist weiter zu senken, da sie irrational
ist, der Harmonisierung in der Europäischen Gemeinschaft
im Wege steht und übermäßig vom Insustriebesatz abhängig
ist. Die Einführung der Gewerbesteuerumlage ist nur ein
erster Schritt in diese Richtung. Im Austausch gegen die
Umlage, die mit der Gewerbesteuer eine niedrige Aufkommenselastizität besitzt, erhalten die Gemeinden einen Anteil
an der Lohnsteuer und der veranlagten Einkommensteuer, der
rascher wächst als das Bruttosozialprodukt. Außerdem ist
das Aufkommen aus dem Gemeindeanteil gleichmäßiger über
die Kommunen verteilt als das Aufkommen aus der Gewerbesteuer. Um die finanzielle Autonomie der Kommunen zu erhalten, die durch den Rückgang der Gewerbesteuer bedroht
wird, ist den Kommunen ein Hebesatz für die Gemeindeeinkommensteuer einzuräumen. Gegen die Lohnsummensteuer werden
die gleichen Einwände vorgebracht wie gegen die Gewerbesteuer im allgemeinen, sobald das Hebesatzrecht auf die
Gemeindeeinkommensteuer ausgedehnt wird, kann die Lohnsummensteuer abgeschafft werden. Ausgehend von dynamisierten
Einheitswerten soll das Aufkommen der Grundsteuer gestärkt
werden, vor allem, weil diese Steuer mit der Geographie
der ökonomischen Aktivitäten verknüpft ist.

Der Finanzausgleich zwischen Bund, Ländern und Gemeinden
ist auf die horizontale Korrektur zu beschränken, der ver-
tikale Ausgleich stellt einen Eingriff in die finanzielle
Autonomie der Kommunen dar. Die tragende Säule des unab-
hängigen Gemeindehaushalts sollen die Steuereinanhmen

bilden, eine Funktion, die durch die kommunale Einkommensteuer mit Hebesatzrecht ermöglicht wird. Die daraus er-
wachsende Steuerkraft, die gemäß den ökonomischen Aktivitäten im Raum anfällt, erübrigt den vertikalen Finanzausgleich. Der horizontale Finanzausgleich soll die Unterschiede zwischen Steuerkraft und Finanzbedarf ausgleichen,
beim herrschenden System hat das Istaufkommen anstelle der
Steuerkraft eine zu große Bedeutung. Die Differenz zwischen
Steuerkraft und Finanzbedarf soll gleichwohl nicht vollständig
nivelliert werden, um einen gewissen Leistungsanreiz für
den Teilraum zu erhalten. Die Orientierung des Finanzbedarfs an der gewerteten Einwohnerzahl ist willkürlich, allein die Wahl der Gewichte kann nicht rational begründet
werden. Stattdessen ist ein Bedarfsindex zu konstruieren,
in den Größen wie Krankenhausbetten je Einwohner und Lehrer
je Schüler Eingang finden. In die Bedarfsschätzung sollte
gleichfalls nicht nur der lokale Bedarf, sondern auch
der durch die räumliche Interaktion hervorgerufene Bedarf
einfließen. Der geltende Kompensationsmechanismus ist
wegen der Vielzahl sukzessiver Tests unangemessen kompli-
ziert und sollte somit durch ein simultanes Verfahren ab-
gelöst werden.

Die Schuldenaufnahme darf nicht als Korrektiv zwischen
Steuerkraft und Finanzbedarf fungieren, ihre Höhe ist vielmehr gemäß den Investitionen zu bemessen. Die extreme Verschuldung gewisser Großstädte ist also regionalwissenschaft-
lich nicht zu verantworten.

7.3. Ausblick

Diese Arbeit hat gezeigt, daß die Theorie von der optimalen
Finanzausstattung der Gemeinden verfeinert und operationalisiert werden sollte, um Leitlinien für die Finanzre-

form zu formulieren.

Der horizontale Finanzausgleich, von dem Länder und Gemeinden betroffen sind, ist weiterer Analyse bedürftig.
Ausgehend von alternativen Datenkonstellationen ist es
denkbar und wünschenswert, künftige Ausgleichszahlungen
auf einer Datenverarbeitungsanlage zu simulieren.

Die Analyse der Stadtstruktur und deren ökonomische Bedeutung sollte mit anderen Methoden weitergeführt werden.

A N H A N G

Tabelle A 1

Die Entwicklung des Bruttosozialprodukts (BSP) und der
öffentlichen Haushalte von 1952 bis 1974 in der Bundesrepublik Deutschland (in Milliarden DM)

| Jahr | BSP [1] | Ausgaben | Steuereinnahmen [2] | | |
			Bund	Länder	Gemeinden [3]
1952	137		18,7	8,3	4,2
1953	148		20,4	9,1	4,8
1954	159		21,3	9,5	5,1
1955	181		23,8	10,4	5,6
1956	201		26,1	12,3	6,1
1957	219		27,0	14,0	7,0
1958	234		28,1	14,7	7,3
1959	255		31,2	16,5	8,6
1960	302		36,4	20,4	9,6
1961	333	95	41,5	24,5	10,5
1962	360	107	45,3	27,7	11,2

1) Ab 1960 einschließlich Saarland und Berlin
2) Nach Aufteilung der Einnahmen aus dem Steuerverbund
   (ab 1970)
3) Ab 1970 einschließlich Gemeindeanteil an der ESt, abzüglich Gewerbesteuerumlage

| | | | Steuereinnahmen | | |
Jahr	BSP	Ausgaben	Bund	Länder	Gemeinden
1963	384	117	48,9	28,5	11,8
1964	421	128	53,9	31,0	12,6
1965	460	141	58,4	32,4	13,1
1966	491	147	62,0	34,9	14,0
1967	496	156	62,8	36,2	14,1
1968	540	159	66,0	39,4	14,8
1969	605	175	78,3	46,7	18,8
1970	686	196	83,6	50,5	18,2
1971	762	225	93,1	56,6	21,1
1972	835	252	101,7	67,0	25,3
1973	930	280	115,0	76,5	29,9
1974	996	315	119,4	83,4	32,5

Quellen:

Statistisches Jahrbuch für die Bundesrepublik Deutschland
1974, Hg. Statistisches Bundesamt, Stuttgart: Kohlhammer
1974

Finanzbericht 1975, Hg. Bundesministerium der Finanzen,
Bonn: Heger 1974

Monatsberichte der Deutschen Bundesbank, August 1975,
S. 54[x] ff.

T a b e l l e   A 2

Die Entwicklung der kommunalen Einnahmen von 1952 bis 1974 in
der Bundesrepublik Deutschland (in Millionen DM)

Jahr	GewSt Ertrag Kapital[1]	Lohn- summen- steuer	Grund- steuer B [2]	Zuwei- sungen	Schulden- aufnahme	Ein- nahmen
1952	2310	313	920	1970	750	9600
1953	2750	349	960	2100	1020	10800
1954	2960	384	1010	2420	1490	12500
1955	3290	438	1040	2830	1610	13900
1956	3730	496	1070	3410	1480	15400
1957	4500	543	1110	3550	2090	17400
1958	4680	581	1160	3820	1990	18700
1959	5870	603	1230	4040	2110	20500
1960	6780	653	1250	3510	1770	17800
1961	7430	717	1320	5690	2770	26200
1962	7990	783	1420	7770	3440	35900
1963	8460	809	1500	8970	4090	35100
1964	9100	848	1580	9990	4900	39300
1965	9350	933	1680	10910	5930	42800
1966	10090	1004	1800	11830	5150	45000
1967	10010	985	1930	12360	4670	
1968	10540	1046	2030	12600	4940	
1969	14220	1169	2140		5460	
1970	10730	1389	2240		5830	
1971	12310	1805	2390		10320	
1972	14850	2176	2610		11070	
1973	17780	2535	2810			
1974	18770	2794	3110			

1) einschl. Gewerbesteuerausgleich
2) einschl. Grundsteuerbeihilfen
3) von Gebietskörperschaften anderer Ebene
4) ab 1970 Einnahmen aus Kreditmarktmitteln

Quellen: Statistische Jahrbücher für die Bundesrepublik Deutschland, Stuttgart: Kohlhammer

Monatsberichte der Deutschen Bundesbank, August 1975,
S. 54[x] ff.

T a b e l l e A 3

Die Entwicklung der Gemeinschaftssteuereinnahmen[1] von 1960
bis 1974 in der Bundesrepublik Deutschland (in Milliarden DM)

Jahr	LohnSt	veranl. ESt	KörperschSt	UmsatzSt
1960	8,1	9,0	6,51	14,8
1961	10,5	10,8	7,47	16,4
1962	12,3	12,2	7,79	17,5
1963	13,8	13,5	7,69	18,0
1964	16,1	14,1	8,02	19,7
1965	16,7	14,8	8,17	21,6
1966	19,1	16,1	7,69	22,4
1967	19,6	15,8	7,06	22,0
1968	22,1	16,3	8,55	22,5
1969	27,1	17,0	10,89	33,4
1970	35,1	16,0	8,72	38,1
1971	42,8	18,3	7,16	42,9
1972	49,7	23,1	8,49	47,0
1973	61,3	26,5	10,89	49,5
1974	72,0	26,8	10,40	51,2

Quelle:Finanzbericht 1975, Hg. Bundesministerium der Finanzen,
     Bonn: Heger 1974, S.168 ff
     Monatsberichte der Deutschen Bundesbank, August 1975,S.54[x]ff

1) Lohnsteuer, veranlagte Einkommensteuer, Körperschaftsteuer
   und Umsatzsteuer sind seit 1.1.1970 Gemeinschaftssteuern

Tabelle . A 4

Steuereinnahmen der Länder 1974 (in Mio.DM)

Land	EinkommenSt Körper- schaftSt	GewerbeSt- umlage	VermögenSt Erbschaft- St	Kraftfahr- zeugSt	BierSt RennwettSt LotterieSt	Summe (6)-(10)
	(6)	(7)	(8)	(9)	(10)	(11)
Schleswig-Holstein	1805	114	97	216	36	2268
Hamburg	2509	175	253	151	80	3168
Niedersachsen	4499	344	280	587	133	5843
Bremen	719	60	58	67	37	941
Nordrhein-Westfalen	14672	1105	1165	1418	610	18970
Hessen	4907	337	450	475	176	6345
Rheinland-Pfalz	2503	195	143	313	108	3262
Baden-Württemberg	7942	625	605	817	253	10242
Bayern	7755	572	626	897	423	10273
Saarland	660	40	37	88	46	871
Summe	47971	3567	3714	5029	1902	62183

Quelle: Statistisches Jahrbuch für die Bundesrepublik Deutschland 1975, Hg. Statistisches Bundesamt 1975, Stuttgart: Kohlhammer 1975, S.408 f.

T a b e l l e   A 5

Wachtumsfaktoren 1974-1980 für die Steuereinnahmen der
Bundesländer

Bundesland	EinkommenSt Körperschaft- steuer	Gewerbesteuer- umlage	VermögenSt ErbschaftSt Kfz, BierSt RennwettSt LotterieSt
	(12)	(13)	(14)
Schleswig-Holstein	1,423	1,312	1,348
Hamburg	1,290	1,216	1,240
Niedersachsen	1,325	1,242	1,269
Bremen	1,312	1,232	1,258
Nordrhein-Westf.	1,376	1,278	1,310
Hessen	1,447	1,329	1,367
Rheinland-Pfalz	1,474	1,348	1,389
Baden-Württemberg	1,456	1,335	1,374
Bayern	1,484	1,355	1,397
Saarland	1,362	1,268	1,299

Quelle: Eigene Berechnungen

Die Wachtumsfaktoren für die Steuereinnahmen ergeben sich aus
den Wachtumsfaktoren für das Bruttoinlandsprodukt der Länder,
korrigiert um die Aufkommenselastizität in Bezug auf das
Bruttosozialprodukt.

Steuerart	Elastizität [1]	Aufkommen (1973)
Lohnsteuer	1,72	61.255
veranlagte ESt	0,76	26.452
Körperschaftsteuer	0,26	10.887
ESt, KSt	1,30	
Gewerbesteuerumlage	1,00	
VermögenSt usw.	1,10	

1) Die Elastizitäten beruhen auf der Analyse in Abschnitt 2.2.2

A N H A N G   A 6
----

§ 1 FAG:

Anteile von Bund und Ländern an der Umsatzsteuer
Vom Aufkommen der Umsatzsteuer stehen für die Jahre
1975 und 1976 dem Bund 62 vom Hundert und den Ländern
38 vom Hundert zu.

Das Aufkommen der Umsatzsteuer wächst schneller als das
Bruttosozialprodukt von 51.171. Mio. DM auf 69.490 Mio. DM
1980. Beträgt der Länderanteil an der Umsatzsteuer 1980
gleichbleibend 38 %, dann erhalten die Länder 26.406 Mio. DM.
Da Berlin nicht am Finanzausgleich teilnimmt, verbleiben
für die anderen Länder 25.623 Mio. DM.

§ 2 FAG:

Verteilung der Umsatzsteuer unter den Ländern
(1) Der Länderanteil an der Umsatzsteuer wird zu 75
vom Hundert im Verhältnis der Einwohnerzahl der Länder
und zu 25 vom Hundert nach den Vorschriften der Absätze
2 bis 4 verteilt.

(2) Die Länder, deren Einnahmen aus der Einkommensteuer, der Körperschaftsteuer, der Gewerbesteuerumlage
und aus den nach § 7 Abs. 1 und 2 ermittelten Landessteuern je Einwohner unter dem Länderdurchschnitt
liegen, erhalten aus dem Länderanteil an der Umsatzsteuer Ergänzungsanteile in Höhe der Beträge, die an
92 vom Hundert des Länderdurchschnitts fehlen, jedoch
mindestens den Betrag, der sich als Anteil nach der
Einwohnerzahl ergeben würde. Wenn hiernach die Ergänzungsanteile insgesamt mehr als ein Viertel des Gesamt-
anteils an der Umsatzsteuer ergeben, so sind die Ergänzungsanteile, die den Mindestanteil nach der Einwohnerzahl übersteigen, entsprechend herabzusetzen ...

Es werden also 75 % von 25.623 Mio. DM, das sind 19.217
Mio. DM, im Verhältnis der Einwohnerzahl der Länder verteilt.

(3) Die Länder, deren Einnahmen aus der Einkommensteuer, der Körperschaftsteuer, der Gewerbesteuerumlage
und aus den nach § 7 Abs. 1 und 2 ermittelten Landessteuern je Einwohner den Länderdurchschnitt erreichen
oder übersteigen, werden an dem restlichen Länderanteil
an der Umsatzsteuer im Verhältnis ihrer Einwohnerzahl
beteiligt. Wenn hiernach die Einnahmen eines Landes
aus der Einkommensteuer, der Körperschaftsteuer, der
Umsatzsteuer, der Gewerbesteuerumlage und den Landessteuern unter dem Länderdurchschnitt liegen, so ist
der Anteil dieses Landes an der Umsatzsteuer um den
Fehlbetrag zu erhöhen und die Beteiligung der anderen
unter Satz 1 fallenden Länder entsprechend herabzusetzen.

(4) Der Anteil des Landes Berlin an der Umsatzsteuer
wird vor der Ermittlung der Anteile der anderen Länder
im Verhältnis seiner Einwohnerzahl berechnet.

(5) Für die Berechnung der Anteile der einzelnen Länder
an der Umsatzsteuer ist die Einwohnerzahl maßgebend,
die das Statistische Bundesamt am 30. Juni des Rechnungs-
jahres festgestellt hat.

T a b e l l e   A 7

Steuereinnahmen der Länder gemäß §7 FAG (1980 in Mio. DM)

Land	ESt,KSt, GewUml, LandesSt gemäß §7 Abs.1	Absetzungen Abs.2	Abs.3	Abs.4	Steuereinnahmen der Länder gemäß §7 Abs.1,2,3,4; (30)-(31)-(32)-(33)
	(30)	(31)	(32)	(33)	(34)
Schleswig-Holstein	4294	42		30	4222
Hamburg	4680	54	55		4571
Niedersachsen	11884	129	6		11749
Bremen	1491	15	25		1451
Nordrhein-Westfalen	32450	527			31923
Hessen	11277	102			11175
Rheinland-Pfalz	6290	52			6238
Baden-Württemberg	18440	162			18278
Bayern	19665	189			19476
Saarland	1717	0		55	1662
Summe	112187	1272	86	85	110745

Festschreibung der Lastenausgleichsabgabe 1974

§ 7 FAG: Steuereinnahmen der Länder

(1) Als Steuereinnahmen eines Landes gelten die ihm im Ausgleichsjahr zugeflossenen Einnahmen

1. aus seinem Anteil an der Einkommenssteuer und der Körperschaftssteuer;

2. aus seinem Anteil an der Gewerbesteuerumlage nach § 6 des Gemeindefinanzreformgesetzes;

3. aus der Vermögensteuer, der Erbschaftsteuer, der Kraftfahrzeugsteuer, der Biersteuer und der Rennwett- und Lotteriesteuer mit Ausnahme der Totalisatorsteuer.

Als Steuereinnahmen eines Landes gelten ferner die nach § 2 für das Ausgleichsjahr festgestellten Anteile an der Umsatzsteuer.

(2) Von den Einnahmen eines Landes aus der Vermögensteuer werden die Beträge abgesetzt, die das Land als Zuschuß nach § 6 Abs. 2 des Lastenausgleichsgesetzes in der Fassung des Achten Gesetzes zur Änderung des Lastenausgleichsgesetzes vom 26. Juli 1957 (Bundesgesetzbl. I S. 809) für das Ausgleichsjahr an den Ausgleichsfonds zu leisten hat. Von den Einnahmen des Saarlandes aus der Vermögensteuer wird der Hundertsatz abgesetzt, um den die Vermögensteuereinnahmen der anderen Länder nach Satz 1 gekürzt werden.

(3) Zur Abgeltung der Sonderbelastungen, die den Ländern Bremen, Hamburg und Niedersachsen aus der Unterhaltung und Erneuerung der Seehäfen Bremen, Bremerhaven, Hamburg und Emden erwachsen, werden von den Steuereinnahmen
     des Landes Bremen   25 000 000 DM
     des Landes Hamburg   55 000 000 DM
     des Landes Niedersachsen   6 000 000 DM
abgesetzt. Wenn sich die Sonderbelastungen aus der Unterhaltung und Erneuerung der Seehäfen erheblich ändern, können die Abgeltungsbeträge dieser Änderung durch Rechtsverordnung des Bundesministers der Finanzen, die der Zustimmung des Bundesrates bedarf, angepaßt werden.

(4) Zur Abgeltung übermäßiger Belatungen werden von den Steuereinnahmen
     des Saarlandes   55 000 000 DM
     des Landes Schleswig-Hol. 30 000 000 DM
     des Landes Rhein.-Pfalz   20 000 000 DM
abgesetzt. Der für das Land Rheinland-Pfalz vorgesehene Betrag vermindert sich vom Ausgleichsjahr 1973 an um jährlich 2 500 000 DM.

T a b e l l e   A 8

Realsteuergrundbeträge je Einwohner in den Ländern der Bundesrepublik 1973 (DM)

Land	Grundsteuer A	Grundsteuer B	Gewerbesteuer Ertrag, Kapital
	(47)	(48)	(49)
Schleswig-Holstein	5,43	15,58	63,74
Hamburg	0,41	21,40	152,49
Niedersachsen	5,01	15,14	73,04
Bremen	0,40	24,95	123,35
Nordrhein-Westfalen	1,65	17,86	101,50
Hessen	2,71	17,49	97,56
Rheinland-Pfalz	3,88	15,42	81,54
Baden-Württemberg	3,33	18,89	110,62
Bayern	3,77	15,22	83,64
Saarland	1,35	17,59	60,78
Berlin	0,01	24,97	80,49

Quelle: Statistisches Jahrbuch für die Bundesrepublik Deutschland 1975, Hg. Statistisches Bundesamt, Stuttgart: Kohlhammer 1975, S.423

T a b e l l e A 9

Realsteuergrundbeträge in den Ländern der Bundesrepublik 1973 (Mio.DM)

Land	Grundsteuer A (47).(1) (50)	Grundsteuer B (48).(1) (51)	Gewerbesteuer Ertrag,Kapital (49).(1) (52)
Schleswig-Holstein	14	40	164
Hamburg	1	37	264
Niedersachsen	36	110	531
Bremen	0	18	89
Nordrhein-Westfalen	28	308	1748
Hessen	15	98	544
Rheinland-Pfalz	14	57	301
Baden-Württemberg	31	174	1021
Bayern	41	165	907
Saarland	1	19	67

Quellen: Tabelle
Eigene Berechnungen

T a b e l l e   A 1 0

Realsteuergrundbeträge in den Ländern der Bundesrepublik 1979 (Mio. DM)

Land	Grundsteuer A (53)	Grundsteuer B (54)	Gewerbesteuer Ertrag,Kapital (55)	Summe (53)+(54)+(55) (56)
Schleswig-Holstein	17	52	213	282
Hamburg	1	45	319	365
Niedersachsen	42	136	655	833
Bremen	0	22	109	131
Nordrhein-Westf.	33	391	2218	2642
Hessen	18	129	717	864
Rheinland-Pfalz	17	76	402	495
Baden-Württemberg	38	230	1351	1619
Bayern	51	222	1218	1491
Saarland	1	24	84	109
Summe	218	1327	7286	8831

Die Wachstumsfaktoren für das Bruttoinlandsprodukt der Bundesländer werden um die Aufkommenselastizität korrigiert (in Klammern): Grundsteuer A (0,72), Grundsteuer B (1,0), Gewerbesteuer auf Ertrag und Kapital (0,97).

T a b e l l e   A 11

Steuereinnahmen der Gemeinden in der Bundesrepublik 1974 (in Mio.DM)

Land	Grundsteuer A	Grundsteuer B	Gewerbest Ertrag Kapital Lohnsumme	Gewerbest umlage	Gemeinde-ESt	Steinnahmen d. Gemeinden (35)+(36)+(37) -(38)+(39)
	(35)	(36)	(37)	(38)	(39)	(40)
Schleswig-Holstein	28	103	632	229	539	1073
Hamburg	1	129	1109	351	636	1524
Niedersachsen	83	304	1928	689	1362	2988
Bremen	0	51	408	120	203	542
Nordrhein-Westfalen	40	879	6521	2210	4058	9288
Hessen	35	259	2203	660	1253	3090
Rheinland-Pfalz	33	157	1108	387	712	1623
Baden-Württemberg	71	404	3398	1249	2215	4839
Bayern	118	609	3290	1160	2233	5090
Saarland	2	44	259	90	185	400
Berlin	0	171	714	208	292	969
Summe	410	3111	21568	7353	13689	31426

Quelle: Statistisches Jahrbuch für die Bundesrepublik Deutschland 1975, Hg. Statistisches
Bundesamt, Stuttgart: Kohlhammer 1975, S.408 f.

A N H A N G   A 12

Steuereinnahmen der Gemeinden gemäß § 8 FAG

§ 8 FAG:

(1) Als Steuereinnahmen der Gemeinden eines Landes gelten unter Kürzung nach den Vorschriften des Absatzes 5

1. die Gemeindeanteile an der Einkommensteuer im Ausgleichsjahr,

2. die Steuerkraftzahlen der Grundsteuer und der Gewerbesteuer vom Ertrag und Kapital, die für das Kalenderjahr ermittelt sind, das dem Ausgleichsjahr vorausgeht, vermindert um die im Ausgleichsjahr geleistete Gewerbesteuerumlage.

Für die Anteile der Gemeinden an der Einkommensteuer und für die von den Gemeinden geleistete Gewerbesteuerumlage sind die Feststellungen der Länder maßgebend.

(2) Als Steuerkraftzahlen werden angesetzt

1. die Grundbeträge der Grundsteuer von den land- und forstwirtschaftlichen Betrieben
   mit 180 vom Hundert;

2. von den Grundbeträgen der Grundsteuer von den Grundstücken die ersten 100 000 Deutsche Mark einer Gemeinde mit 180 vom Hundert,

   die weiteren 200 000 Deutsche Mark einer Gemeinde mit 200 vom Hundert,

   die weiteren 500 000 Deutsche Mark einer Gemeinde mit 225 vom Hundert,

   Die 800 000 Deutsche Mark übersteigenden Beträge einer Gemeinde mit 250 vom Hundert;

3. die Grundbeträge der Gewerbesteuer vom Ertrag und Kapital mit 250 vom Hundert.

Als Grundbetrag gilt das Aufkommen in dem Kalenderjahr, das dem Ausgleichsjahr vorausgeht, geteilt durch die in diesem Kalenderjahr in Geltung gewesenen Hebesätze.

(3) Für die Errechnung der Realsteuerkraft eines Landes ist die Summe der Grundbeträge maßgebend, die das Statistische Bundesamt nach dem Ergebnis der Gemeindefinanz-

statistik festgestellt hat. Bei der Grundsteuer von den
Grundstücken gilt für alle Gemeinden einer Gemeindegruppe
einheitlich der im Durchschnitt auf eine Gemeinde ent-
fallende Grundbetrag. Maßgebend sind die folgenden Ge-
meindegruppen:

Gemeinden bis 10 000 Einwohner,
Gemeinden über 10 000 bis 20 000 Einwohner,
Gemeinden über 20 000 bis 50 000 Einwohner,
Gemeinden über 50 000 bis 100 000 Einwohner,
Gemeinden über 100 000 bis 200 000 Einwohner,
Gemeinden über 200 000 bis 500 000 Einwohner,
Gemeinden über 500 000 Einwohner.

(4) Durch Rechtsverordnung des Bundesministers der Finanzen, die der Zustimmung des Bundesrates bedarf, können

1. bei der Errechnung der Steuerkraftzahlen Ungleich-
   heiten ausgeglichen werden, die sich aus einer verschiedenen Einheitsbewertung des Grundbesitzes im
   Bundesgebiet ergeben;

2. die in Absatz 2 genannten Hundertsätze geändert werden, soweit die Entwicklung der durchschnittlichen
   Realsteuerhebesätze eine Anpassung der Hundertsätze
   erforderlich macht.

(5) Die nach den Absätzen 2 bis 4 errechneten Steuerkraftzahlen der Grundsteuer von den land- und forstwirtschaftlichen Betrieben, der Grundsteuer von den Grundstücken und
der Gewerbesteuer vom Ertrag und Kapital werden je für sich
nach einem für alle Länder einheitlichen Hundertsatz auf
die Hälfte des Betrages herabgesetzt, den die Gemeinden aus
der Grundsteuer von den land- und forstwirtschaftlichen
Betrieben aus der Grundsteuer von den Grundstücken sowie
aus der Gewerbesteuer vom Ertrag und Kapital einschließlich der Lohnsummensteuer im Ausgleichsjahr eingenommen haben. Der Gemeindeanteil an der Einkommensteuer und die Gewerbesteuerumlage werden auf die Hälfte der Beträge herabgesetzt, die für das Ausgleichsjahr festgestellt sind.

Grundsteuer A: (500/2) / 482 = 0,519

Grundsteuer B: (3832/2) / 3463 = 0,553

GewerbeSt Ertrag, Kapital: (27154/2) / 22368 = 0,607

A N H A N G   A 13

Die Einwohnerzahl gemäß § 9 FAG
_____

(1) Der Ausgleichsmeßzahl eines Landes wird die Einwohnerzahl (Wohnbevölkerung) zugrunde gelegt, die das Statistische
Bundesamt am 30. Juni des Ausgleichsjahres festgestellt hat.

(2) Bei der Ermittlung der Meßzahlen zum Ausgleich der
Steuereinnahmen der Länder werden die Einwohnerzahlen der
Länder Bremen und Hamburg mit 135 vom Hundert und die Einwohnerzahlen der übrigen Länder mit 100 vom Hundert gewertet.

(3) Bei der Ermittlung der Meßzahlen zum Ausgleich der
Steuereinnahmen der Gemeinden werden die Einwohnerzahlen der
Gemeinden eines Landes mit folgenden Ansätzen je Einwohner
gewertet:

die ersten   5 000 Einwohner einer Gemeinde mit 100 v.H.,
die weiteren   15 000 Einwohner einer Gemeinde mit 110 v. H.,
die weiteren   80 000 Einwohner einer Gemeinde mit 115 v.H.,
die weiteren 400 000 Einwohner einer Gemeinde mit 120 v.H.,
die weiteren 500 000 Einwohner einer Gemeinde mit 125 v.H.,
die weiteren Einwohner einer Gemeinde   mit 130 v.H..

Für Gemeinden mit mehr als 500 000 Einwohnern werden dem
Land darüber hinaus

bei einer Dichte von 1 500 bis 2 000 Einwohnern je Quadrat-
kilometer 2 vom Hundert der Einwohnerzahl,

bei einer Dichte von 2 000 bis 3 000 Einwohnern je Quadrat-
kilometer 4 vom Hundert der Einwohnerzahl,

bei einer Dichte von mehr als 3 000 Einwohnern je Quadrat-
kilometer 6 vom Hundert der Einwohnerzahl

hinzugerechnet.

A N H A N G   A 14

----

§ 10 FAG: Bemessung der Ausgleichszuweisungen und Ausgleichsbeiträge

---

(1)   Die Ausgleichszuweisungen der ausgleichsberechtigten Länder werden mit gestaffelten Hundertsätzen von den Beträgen errechnet, um die ihre Steuerkraftmeßzahl hinter ihrer
Ausgleichsmeßzahl zurückbleibt. Hierbei werden als Ausgleichszuweisungen festgesetzt

1.   100 vom Hundert des Betrages, der an 92 vom Hundert der
     Ausgleichsmeßzahl fehlt;

2.   37,5 vom Hundert des Betrages, der von 92 bis 100 vom
     Hundert der Ausgleichsmeßzahl fehlt.

(2)   Die Ausgleichsbeiträge der ausgleichspflichtigen Länder
werden mit einem einheitlichen Hundertsatz von den Beträgen
errechnet, um die ihre Steuerkraftmeßzahl ihre Ausgleichsmeßzahl übersteigt. Hierbei bleibt die Steuerkraft, die zwischen
100 und 102 vom Hundert der Ausgleichsmeßzahl liegt, außer
Ansatz, die Steuerkraft, die zwischen 102 und 110 vom Hundert der Ausgleichsmeßzahl liegt, wird mit 70 vom Hundert und
die 110 vom Hundert der Ausgleichsmeßzahl übersteigende Steuerkraft voll angesetzt. Der Hundertsatz von den ausgleichspflichtigen Beträgen wird so bemessen, daß die Summe der Ausgleichsbeiträge mit der Summe der Ausgleichszuweisungen
übereinstimmt.

(3)   Wenn die nach § 7 Abs. 1 und 2 ermittelten Steuereinnahmen eines ausgleichsberechtigten Landes einschließlich der
nach Absatz 1 ermittelten Ausgleichszuweisungen je Einwohner
unter 95 vom Hundert der durchschnittlichen Steuereinnahmen
der Länder liegen, so ist die Ausgleichszuweisung an dieses
Land um den Fehlbetrag zu erhöhen und die Berechnung der Ausgleichsbeiträge der ausgleichspflichtigen Länder entsprechend
zu berichtigen. Wenn die Steuereinnahmen eines ausgleichspflichtigen Landes nach Abzug der von ihm zu leistenden Ausgleichsbeiträge je Einwohner unter den durchschnittlichen
Steuereinnahmen der Länder liegen, so ist der Fehlbetrag
von den anderen ausgleichspflichtigen Ländern im Verhältnis
ihrer Ausgleichsbeiträge zu übernehmen.

(4)   Die Ausgleichsbeiträge der Hansestädte werden um den
Betrag herabgesetzt, um den ihre Steuerkraftmeßzahl nach Abzug ihres Ausgleichsbeitrages (Absatz 2 und Absatz 3) kleiner

ist als der nach Absatz 6 zu errechnende Vergleichsbetrag.
Bei der Ermittlung der Steuerkraftmeßzahl werden die Lan-
dessteuereinnahmen nach § 7 Abs. 1 und 2 und die ungekürzten
Steuereinnahmen nach § 8 Abs. 1 bis 4 im Ausgleichsjahr und
die Beträge zur Abgeltung der Sonderlasten nach § 7 Abs. 3
angesetzt.

(5) Erreicht die Steuerkraftmeßzahl einer Hansestadt nicht
ihre Ausgleichsmeßzahl und erreichen die Steuereinnahmen
(Absatz 4 Satz 2) und etwaige Ausgleichszuweisungen nach
Absatz 1 nicht den nach Absatz 6 zu errechnenden Vergleichsbetrag, so erhält sie den am Vergleichsbetrag fehlenden Betrag als Sonderzuweisung, jedoch nicht mehr als den Fehlbetrag zwischen Steuerkraftmeßzahl und Ausgleichsmeßzahl,
höchstens aber 12 000 000 DM.

(6) Der Vergleichsbetrag ist die Summe der auf den Einwohner
entfallenden, um die Ausgleichsbeiträge (Absatz 2 und Ab-
satz 3) verminderten Steuereinnahmen (§ 7) der Länder
Baden-Württemberg und Nordrhein-Westfalen und der auf den
Einwohner entfallenden ungekürzten Steuereinnahmen (§ 8
Abs. 1 bis 4) der Städte Stuttgart und Köln im Ausgleichsjahr,
vervielfacht mit der Einwohnerzahl der Hansestadt. § 9
Abs. 1 gilt entsprechend.

(7) Die nach den Absätzen 4 und 5 ermittelten Beträge
werden von den ausgleichspflichtigen Ländern, auf die Absätze 4 und 5 keine Anwendung finden, nach Maßgabe des Absatzes 2 zusätzlich aufgebracht.

A N H A N G A 15

Die ausgewählten Groß- und Mittelstädte 1968

Baden-Württemberg: Stuttgart, Mannheim, Karlsruhe, Freiburg/
Br., Heidelberg, Heilbronn, Ulm, Pforzheim, Esslingen, Lud-
wigsburg, Offenbach, Lörrach, Ravensburg, Weinheim, Fellbach.

Bayern: München, Nürnberg, Augsburg, Regensburg, Würzburg,
Fürth, Erlangen, Bamberg, Ingolstadt, Bayreuth, Schwabach,
Kulmbach, Fürstenfeldbruck, Haunstetten, Forchheim.

Hessen: Frankfurt, Wiesbaden, Kassel, Darmstadt, Offenbach,
Gießen, Hanau, Rüsselsheim, Marburg, Fulda.

Niedersachsen: Hannover, Braunschweig, Osnabrück, Oldenburg,
Salzgitter, Göttingen, Wilhelmshaven, Hildesheim, Wolfsburg,
Delmenhorst, Lüneburg, Celle, Hameln, Emden, Cuxhaven.

Nordrhein-Westfalen: Köln, Essen, Düsseldorf, Dortmund, Duis-
burg, Wuppertal, Gelsenkirchen, Bochum, Oberhausen, Krefeld,
Münster, Hagen, Mülheim/Ruhr, Aachen, Solingen, Bielefeld,
Mönchengladbach, Bonn, Remscheid, Recklinghausen, Neuß, Bottrop,
Leverkusen, Herne, Wanne-Eickel, Rheydt, Witten, Hamm, Castrop-
Rauxel, Gladbeck, Paderborn, Iserlohn, Gütersloh, Siegen, Lü-
denscheid-St., Herten, Minden, Hürth, Rheine, Moers, Gummers-
bach, Schwelm, Hattingen, Monheim, Alsdorf, Neuk.-Vluyn,
Wülfrath, Ibbenbüren-L., Euskirchen, Übach-Palenb..

Rheinland-Pfalz: Ludwigshafen, Mainz, Koblenz, Trier, Kaisers-
lautern, Worms, Pirmasens.

Schleswig-Holstein: Kiel, Lübeck, Flensburg, Neumünster.

A N H A N G   A 16

Die ausgewählten Groß- und Mittelstädte 1972

München, Köln, Essen, Frankfurt, Düsseldorf, Dortmund,
Stuttgart, Hannover, Nürnberg, Duisburg, Wuppertal, Bochum,
Gelsenkirchen, Mannheim, Bonn, Kiel, Karlsruhe, Augsburg,
Wiesbaden, Oberhausen, Aachen, Lübeck, Krefeld, Braunschweig,
Kassel, Münster, Hagen, Mülheim/Ruhr, Mainz, Ludwigshafen/Rh.,
Solingen, Freiburg i. Br., Bielefeld, Osnabrück, Mönchenglad-
bach, Darmstadt, Remscheid, Regensburg, Oldenburg, Wolfsburg,
Recklinghausen, Heidelberg, Offenbach a.M., Koblenz, Salz-
gitter, Neuss, Würzburg, Göttingen, Leverkusen, Heilbronn,
Herne, Bottrop, Wilhelmshaven, Fürth, Trier, Rheydt, Kaisers-
lautern, Reutlingen, Düren, Ingolstadt, Hamm, Esslingen a.N.,
Gütersloh, Porz a. Rh., Lüdenscheid, Villingen Schw., Gießen,
Paderborn, Tübingen, Rheinhausen, Delmenhorst, Detmold, Fulda,
Hattingen, Lüneburg, Cuxhaven, Norderstedt, Schweinfurth, Hanau,
Siegen, Celle, Pirmasens, Troisdorf, Aschaffenburg, Moers, Sin-
delfingen, Hürth, Hilden, Rheine,B. Homburg v.d.H., Bad Salz-
uflen, Ahlen, Kaufbeuren, Rodenkirchen, Brühl, Straubing,
Stade, Pinneberg, Ennepetal, Rosenheim, Itzehoe, Uelzen, Born-
heim, Jülich, Lage, Schleswig, Backnang, Rottenburg a.N., Nor-
denham, Greven, Biberach a.d.R., Wermelskirchen, Emmerich,
Varel, Ibbenüren-L., Bad Vilbel, Nienburg (W.), Nürtingen,
Ingelheim a. Rh., Mechernich, Winsen (Luhe), Olpe, Einbeck,
Vaihingen/Enz, Herrenberg, Schramberg.

LITERARTURVERZEICHNIS

ALBERS, W., Aufgabe und Stellung der Gemeinden im Finanzsystem der öffentlichen Hand, in: FA, Bd. 19,
1958/59, S. 399 ff .

ALBERS, W., Die Aufgaben- und Einnahmenverteilung auf
die öffentlichen Gebietskörperschaften und die
gemeindliche Selbstverwaltung, in: AK, Jg. 1, 1962,
S. 65 - 92

ALBERS, W., Der Einfluß der Finanzpolitik auf die räumliche Ordnung der Wirtschaft, in: Produktivitätsorientierte Regionalpolitik, Hg. R. Gunzert, Berlin
1965, S. 49 ff .

ALBERS, W., Finanzzuweisungen und Standortverteilung, in:
Kommunale Finanzen und Finanzausgleich, a.a.O., 1964,
S. 253 ff .

ALTEVOGT, R., Zur Berücksichtigung regionalpolitischer For-
derungen bei der Gestaltung des Kommunalen Einnahme-
systems, Münster: Diss. 1972

Der ANTEIL der Ballungsgebiete an den öffentlichen Haushalten
unter besonderer Berücksichtigung der Investitionen,
Hg. Akademie für Raumforschung und Landesplanung,
Hannover: Jänecke 1972

ARNIM, H.H.v. u.a., Zur Reform der Bodenbesteuerung, Wiesbaden: Karl-Bräuer-Institut, 1974

AUERBACH, F., Das Gesetz der Bevölkerungskonzentration, in:
Petermann's Mitteilungen, 59. Jg., 1. Hbd., Gotha
1913, S. 74 ff.

AULF, O., Analyse der Baulandpreise in der Bundesrepublik
Deutschland unter regionalen Gesichtspunkten, München:
IFO-Institut für Wirtschaftsforschung 1967

BAHL, R.W., Metropolitan City Expenditures, Lexington:
University of Kentucky Press 1969

BAHL, R.W., R.J.Sanders, Determinants of Changes in State
and Local Government Expenditures, in: NJT, Vol. 17,
1965, S. 50 ff.

BARBARINO, O.,Raumordnungsaspekte in der kommunalen Finanzreform und Finanzausgleich, in: Finanzpolitik und
Landesentwicklung, Hannover 1972, S. 33 ff.

BARLOW, R., Efficiency Aspects of Local School Finance, in: JPE, Vol. 78, 1970, S. 1028 ff.

BARR, L.J., O.A. Davis, An Elementary Political and Economic Theory of the Expenditures of Local Governments, in: SEJ, Vol. 33, 1966, S. 149 - 165

BATAILLARD, V., Die Regionalplanung. Ein Problem des Finanzausgleichs. Dargestellt am Beispiel des Kantons Zürich, Zürich: Diss. 1965

BAUER - WILD, G., Gemeinden auf der Suche nach Steuern, in: Der Betriebs - Berater, Jg. 28, H.11, S. 512 ff.

BERKENHOFF, H.A., W. Sindermann, Das Haushaltswesen der Gemeinden, Herford: Maximilian 1959

Das BESTEUERUNGSRECHT der Gemeinden, Bonn: Institut Finanzen und Steuern 1970

BICKEL, W., Ertragssteuern, in: Handwörterbuch der Finanzwissenschaft, Tübingen 1956, S. 403 ff.

BOHMANN, H., Das Gemeindefinanzsystem, in: Neue Schriften des Deutschen Städtetages, H.2, 2. Aufl., 1967

BORCHERDING, T.E., R.T. Deacon, The Demand for the Services of Non-Federal Governments, in: AER, 1972, S. 891 ff.

BOSKIN, M.J., Local Government Tax and Product Competition and the Optimal Provision of Public Goods, in: JPE, Vol. 81, No. 1, 1973, S. 203 ff.

BRÄUER, K., Grundsteuer, in: Handwörterbuch der Staatswissenschaften, 4. Aufl., Bd. 4, Jena 1926, S. 885 ff.

BRAZER, H. E., City Expenditures in the United States, New York: NBER 1959

BRECHT, A., Internationaler Vergleich der öffentlichen Ausgaben, in: Grundfragen der internationalen Politik, H. 2, Leipzig 1932

BRETON, A., A Theory of Government Grants, in: CJE, Vol. 31, 1965

BRIDGES, B., Jr., The Elasticity of Property Tax Base: Some Cross Section Estimates, in: Land Economics, Vol. 40, No. 4, 1964, S. 449 ff

BUXTON, R.J., Local Government, Penguin: Harmondsworth 1970

CHRISTALLER, W., Die zentralen Orte in Süddeutschland, Darmstadt: Wissenschaftliche Buchgesellschaft 1968

DALTON, H., Principles of Public Finance, 4th Edition, London
1957

DEPIERREUX, S., Das neue Haushaltsrecht der Gemeinden, Sieg-
burg: Reckinger 1972

DICK, E., Bestimmungsgründe und Schwächen Kommunaler Aus-
gabenentscheidungen, Köln: Kommunale Gemeinschafts-
stelle 1975

DÜKER, R., Das Problem einer bedarfsgerechten Verteilung der
Finanzzuweisungen an die Gemeinden, Freiburg: Diss. 1970

DUNCAN,O.D.,Population Distribution and Manufacturing Activity:
the Nonmetropolitan U.S. in 1950, in RSA, PP, Vol. 5,
1959, S. 95 ff.

DUCAN, O.D., Service Industries and the Urban Hierarchy, in:
RSA, PP, Vol. 5, 1959, S. 105 ff.

EHRLICHER, W., Kommunaler Finanzausgleich und Raumordnung,
Hannover: Jänecke 1967

EHRLICHER, W., Wandlung der Steuerordnungen, in: FA, Bd. 27,
1968, S. 49 ff.

EICHHORN, E., Grundsteuer - höchste Ertragssteuer. Der richtige
Vergleich mit der Gewerbesteuer, in: Deutsche Wohnungs-
wirtschaft, 11. Jahrg., 1959, S. 99 ff.

ENTWURF eines Gesetzes zur Neuordnung der Gemeindefinanzen
(Gemeindefinanzreformgesetz), Deutscher Bundestag,
Drucksache V 3876, Bonn: Heger 1969

EPP, D.J., The Effect of Industrial Growth on the Local Real
Estate Tax: An Expanded Model, in: Land Economics,
Vol. 50, No. 4, 1974, S. 397 ff.

EWRINGMANN, D., Zur Voraussage Kommunaler Investitionsbedarfe,
Opladen: Westdeutscher Verlag 1971

FECHER, H., Grundsteuer, in: Handwörterbuch der Sozialwissenschaften, Bd. 4, Stuttgart 1965, S. 693 ff.

FINANZAUSGLEICH 1968, SBA, Fachserie L, Finanzen und Steuern,
Reihe 1: Haushaltswirtschaft von Bund, Ländern und
Gemeinden, IV. Finanzausgleich 1969

FINANZAUSGLEICH 1973, SBA, Fachserie L, Finanzen und Steuern,
Reihe 1: Haushaltswirtschaft von Bund, Ländern und Gemeinden, IV. Finanzausgleich 1974

FINANZBERICHT 1974, Hg. Bundesministerium der Finanzen, Bonn:
    Heger 1973

FINANZBERICHT 1975, Hg. Bundesministerium der Finanzen, Bonn:
    Heger 1974

FINANZEN und Steuern. Kommunale Finanzwirtschaft 1973, in:
    WS, H. 4, 1974, S. 283 ff.

Zur FINANZLAGE der Gemeinden, Bonn: Institut Finanzen und
    Steuern 1972

Zur FINANZREFORM in der Bundesrepublik Deutschland, Hg.
    Forschungsinstitut der Friedrich-Ebert-Stiftung, Han-
    nover 1964

FOCK, G., Die Gemeindefinanzreform. Notwendigkeit, Ziele
    und Auswirkungen der gesetzlichen Maßnahmen der Jahre
    1969/70, Göttingen: Diss. 1972

FROBÖSS, E., Kommunale Steuer und Umlagen, in: Handbuch
    der kommunalen Wissenschaft und Praxis, Bd. 3, Berlin
    1959, S. 271 ff.

GAFFNEY, M., Land Rent, Taxation, and Public Policy, in:
    RSA, PP, Vol. 23, 1969, S. 141 ff.

Die GEMEINDEEINKOMMENSTEUER, Bonn: Institut Finanzen und Steu-
    ern 1967

GERLOFF, W., Steuerwirtschaftslehre, in: Handbuch der Finanz-
    wissenschaft, Tübingen 1965

GERLOFF, W., F. Neumark, Handbuch der Finanzwissenschaft,
    Tübingen 1965

GRAMLICH, E., State and Local Governments and Their Budget
    Constraint, in: International Economic Review, Vol.
    10, 1969, S. 163 ff.

GROLL, M., Ausgabengestaltung und Gemeindegröße, in: Mit-
    teilungen aus dem Institut für Raumforschung H. 38, 1958

GRUNDSTEUERBELASTUNG. Vergleichende Darstellung des gelten-
    den Rechts mit dem Entwurf des Zweiten Steuerreform-
    gesetzes, Bonn: Institut Finanzen und Mteuern 1973

GUTACHTEN der Steuerreformkommission 1971, Schriftenreihe
    des Bundesministeriums der Finanzen, H. 17, Bonn 1971

GUTACHTEN über die Finanzreform in der Bundesrepublik Deutschland, Hg. Kommission für die Finanzreform, Stuttgart:
Kohlhammer 1966

GUTACHTEN zum Gemeindesteuersystem und zur Gemeindesteuer-
reform in der Bundesrepublik Deutschland, Hg. Wissen-
schaftlicher Beirat beim Bundesministerium der Finanzen,
in: Schriftenreihe des Bundesministeriums der Finanzen,
H. 10, Bonn 1968

HADDEN, J.K., E.F. Borgatta, American Cities: Their Social
Characteristics, Chicago: Rand McNally 1965

HAGEMANN, G., Aufkommenselastizitäten ausgewählter Steuern
in der Bundesrepublik Deutschland 1950 - 1963, Tübingen: Kieler Studien 1968

HAGEMANN, R., Die Gemeindefinanzen nach der Steuerreform,
in: Wirtschaftsdienst, Jg. 54, Nr. 4, 1974, S. 188 ff.

HALLER, H., Finanzpolitik. Grundlagen und Hauptprobleme,
Tübingen 1961

HALLER, H., Die Steuern— Grundlinien eines rationalen
Systems öffentlicher Abgaben, Tübingen 1964

HANDBUCH der Kommunalen Wissenschaft und Praxis, Hg. H. Peters,
Berlin 1959

HANDBUCH zur Hauptfeststellung der Einheitswerte des Grundvermögens 1964, 4. neubearb. Aufl., München: Beck 1972

HANSEN, A., Auswirkungen der geplanten Gemeindefinanzreform.
Ergebnis der steuerstatistischen Sonderuntersuchungen,
in: WS, H. 5, 1969, S. 245 ff.

HANSMEYER, K.H., Zur Theorie der Kommunalen Finanzwirtschaft,
in: Kommunalwissenschaftliche Forschung, Schriftenreihe
des Vereins für kommunalwissenschaftliche Forschung,
Bd. 12, Berlin 1966

HARMANN, H., Modern Factor Analysis, Chicago 1967

HAUSER, H., P. Nyffeler, Die längerfristige Finanzplanung
in der Gemeinde, Bern: Haupt 1972

HAVERKAMP, H.E., Räumliche Streuung unterschiedlicher kommunaler
Einnahmesysteme, Stuttgart: Kohlhammer 1971

HAWLEY, A.H., Metropolitan Population and Municipal Government Expenditures in Central Cities, in: P.K. Hatt, A.J. Reiss, Cities and Society, Glencoe: The Free Press 1957

HECKT, W., Zur Einbeziehung der Gemeinden in die Konjunkturpolitik, Bonn: Institut Finanzen und Steuern 1974

HECKT, W., Die Entwicklung des bundesstaatlichen Finanzausgleichs in der Bundesrepublik Deutschland, Bonn: Institut Finanzen und Steuern 1973

HECKT, W., Die Leistungen der Länder für den gemeindlichen Finanzausgleich, Bonn: Institut Finanzen und Steuern 1974

HEDTKAMP, G., Das ökonomisch-rationale Steuersystem, in: Weltwirtschaftliches Archiv, Bd. 86, 1961, S. 232 ff.

HEPWORTH, N., The Finance of Local Government, London 1970

HERKER, H., Die Grundsteuer im Gemeindefinanzwesen - Ihre "Revalorisierung" durch Reform des Bewertungsrechts, Münster: Diss. 1966

HESSING, F.-J., Gewerbesteuerausgleich und Raumordnung, Bad Godesberg: Bundesanstalt für Landeskunde und Raumordnung 1963

HETTLAGE, K.M., Die Gemeinden in der Finanzverfassung, in: AK, 3. Jg., I/1964, S. 1 ff.

HICKS, U.K., Autonomous Revenue for Local Government, in: WEJ, 1968, S. 177 ff.

HIELSCHER, E., Brauchbare Maßstäbe für kommunale Finanzzuweisungen, in: Kommunale Finanzen und Finanzausgleich, a.a.O., 1964, S. 287 ff.

HIRSCH, H., Ökonomische Maßstäbe für die kommunale Gebietsreform, in: Abhandlungen zur Kommunalpolitik, Bd. 3, Köln 1971

HOFFMANN, R.A., A Systematic Approach to a Practicable Plan for State Aid to Local Governments, in: PF, Vol. 24, 1969, S. 1 ff

HOLM, P., B. Harsman, Long-Term Planning of Municipal Finance in a Metropolitan Region, in: RSA, PP, Vol. 26, 1971, S. 101 ff.

HORSTER, R., Die Reform des deutschen Gemeindesteuersystems,
Berlin: Duncker und Humblot 1958

ISARD, W., Methods of Regional Analysis: An Introduction
to Regional Science, Cambridge, Mass.: MIT-Press 1960

JÖHRENS, E., Wirkungen der Gemeindefinanzreform auf die
Verteilung der kommunalen Finanzmasse, Freiburg:
Diss. 1971

JONES, K.J., W.C. Jones, Toward a Typology of American
Cities, in: JRS, Vol. 10, 1970, S. 217 ff.

JUNGHANNS, K.H., Die Bewertung des nichtlandwirtschaftlichen
Grundbesitzes in Deutschland nach dem Bewertungsgesetz
von 1965, St. Gallen: Diss. 1972

KAMP, M. E., u.a., Steuerlehre. Besonderer Teil, Bonn:
Haustein 1970

KEE, W.S., Central City Expenditures and Metropolitan Areas,
in: NTJ, Vol.18, 1965, S. 337 ff.

KENDALL, M. G., A Course in Multivariate Analysis, London 1957

KLEIN, R.R., J.M. Gleitze, Gemeindefinanzbericht 1975, in:
Städtetag, Jg. 28, 1975, H.1, S. 2 ff.

KLEMMER, P., Die Faktorenanalyse im Rahmen der Regional-
forschung, in: RR, 1971, H. 1

KLOTEN, N., Standortwirkungen kommunaler Besteuerungsformen,
in: Kommunale Finanzen und Finanzausgleich, a.a.O.,
S. 121 ff.

KLOTEN, N., Steuerpolitik als regionale Strukturpolitik, in:
AK, 3.Jg., I/1964, S.41 ff.

KLOTEN, N., K. Höpfner, Regionalpolitische Postulate und
Urteilsregeln für Formen kommunaler Besteuerung, in:
AK, Jg. 6, Bd. 2, 1967, S. 336 ff.

KOLMS, H., Finanzwissenschaft, Walter de Gruyter, Berlin 1966

KOMMUNALE Finanzen und Finanzausgleich, Hg. H. Timm und
H. Jecht, in: SVS, Bd. 32, Berlin 1964

KOMMUNALE Finanzplanung. Handbuch mit Vorschriften und syste-
matischen Erläuterungen für die mittelfristige Finanzplanung der Städte, Gemeinden und Gemeindeverbände,
Köln:Kohlhammer 1971

KOMMUNALE Finanzreform, Hg. Forschungsinstitut der Friedrich-
Ebert-Stiftung, Bonn 1961

KOMMUNALE Finanzreform - Stellungnahme zu den Vorschlägen
der Sachverständigenkommission für die Finanzreform,
Hg. Karl-Bräuer-Institut des Bundes der Steuerzahler,
Wiesbaden 1967

KORINSKY, K., Gemeindefinanzreform und Gemeindesteuern,
Bonn: Institut Finanzen und Steuern 1973

KORINSKY, K., Der kommunale Finanzausgleich in der Bundesrepublik Deutschland. Eine kritische Gesamtdarstellung,
Bonn: Stollfuß 1971

KORINSKY, K., Zur Steuerreform. Die Realsteuern, Bonn:
Stollfuß 1972

KOSCHNICK, H., Ursachen und Lösung der kommunalen Finanz-
krise, in: Wirtschaftsdienst, Jg. 52, Nr. 2, 1972,
S. 71 ff.

KRUMSIEK, R., Zwischenbilanz zur Gemeindefinanzreform,
in: AK, Jg. 10, Bd. 1, 1971, S. 54 ff.

KÜHR, C., Die neue Grundsteuer GrStG 1974. Das Grundsteuer-
gesetz vom 7. August 1973 mit Erläuterungen für die
Praxis, Neuwied: Luchterhand 1973

KUSS,H., Müssen Gemeindesteuern örtlich radizierbar sein,
in: AK, Jg. 4, 1965, S. 47 ff.

LADD, H.F., The Role of the Property Tax: A Reassessment,
in: Broad-Based Taxes 1973

LANGNER, J., Einheitsbewertung, Vermögenssteuer, Grundsteuer,
in: Handbuch für den Haus- und Grundbesitzer, München
1969, S. 1121 ff.

LEHMANN, K.H., Einkommensteuer 1973. Körperschaftsteuer.
Gewerbesteuer, Mondorf:Titz 1974

LEHNERT, G., Kommunale Investitionen und Wirtschaftswachstum,
Freiburg/Schweiz: Diss. 1967

LINDHOLM, R.W., Property Taxation USA, Madison: University
of Wisconsin Press 1967

LITTMANN, K., Finanzpolitik, räumliche Gleichgewichte und
Optima. Kreislauftheoretische Betrachtungen über die
Wirkungen der staatlichen Aktivität auf die räumliche
Faktorverteilung, in: Kommunale Finanzen und Finanz-
ausgleich, Hg. H. Timm u.a., SVS, NF, Bd. 32, Berlin 1964

LITTMANN, K.K., Die Gestaltung des kommunalen Finanzsystems unter raumordnungspolitischen Gesichtspunkten, Hannover: Jänecke 1968

LITTMANN, K., Raumwirtschaftliche Auswirkungen der Finanzpolitik, in: FA, Bd. 19, 1958/59, S. 367 ff.

LORENZ, O., Die Neuordnung des Gemeindesteuersystems im Gutachten über die Finanzreform - Beurteilungen und Gegenvorschläge, in: Die öffentliche Verwaltung, 20. Jg., 1967, S. 606 ff.

LOSCHELDER, W., Grundfragen der Finanzverfassung im förderalistischen Staat unter besonderer Berücksichtigung der Gemeindefinanzverfassung, in: AK, 5.Jg., 1966, S. 185 ff.

LOSCHELDER, W., Grundgedanken der Finanzreform, Göttingen 1966

LÜBBERT, J., Die vier norddeutschen Länder. Bevölkerung, Wirtschaft, Finanzen und Infrastruktur, Göttingen: Vandenhoeck und Ruprecht 1973

LYNN, A. D. Jr., The Property Tax and Its Administration, Madison: University of Wisconsin Press 1969

MEIER, A., Die finanziellen Beziehungen in einem förderalistischen System - ein Zeitreihenmodell für den öffentlichen Sektor der schweizerischen Wirtschaft, Tübingen : Mohr 1973

MERKBLATT über die Grundsteuervergünstigung im Wohnungsbau, 2. überarb. Aufl., Köln: Deutsches Volksheimstättenwerk 1973

MENNEL, A., Die Steuersysteme in den EWG-Staaten, EFTA-Staaten und den USA, Herne 1965

MEYER, H., Die Finanzverfassung der Gemeinden. Ein Beitrag zur Stellung der Gemeinden in der Finanzverfassung des Bundes, Stuttgart: Kohlhammer 1969

MICHAS, N.A., Variations in the Level of Provincial-Municipal Expenditures in Canada, in: PF, Vol. 24, No. 4, 1969, S. 597 ff.

MITTELSTEINER, K. H., Steuerreform, Vermögensteuer, Erbschaftsteuer, Gewerbesteuer, in: Steuerkongreß-Report, München 1971, S. 79 ff.

MOLTER, D., Raumordnung und Finanzplanung. Eine Untersuchung
über die finanzpolitischen und finanzrechtlichen
Gestaltungsaspekte einer fortschreitend gesamtheitlichen
Raumordnung und Landesplanung, Hamburg: Boysen 1975

MONATSBERICHTE der Deutschen Bundesbank

MÜNSCHER, A., V. Kreibich, Das Gemeindefinanzreformgesetz
als Instrument der Raumentwicklung - Regionale Mobilität und der Anteil der Gemeinden an der Einkommensteuer, in: IR, H. 10, 1974, S. 417 ff.

MUSGRAVE, R.A., Theories of Fiscal Federalism, in: Public
Finance, Vol. 24, 1969, S. 521 ff.

NEGISHI, T., Public Expenditures Determined by Voting with
One's Feet and Fiscal Profitability, in: SJE, Vol.74,
1972, S. 452 ff.

NETZER, D., Economics and Urban Problems, New York: Basic
Books 1970

NETZER, D., Economics of the Property Tax, Washington:
The Brookings Institution

Die NEUBEWERTUNG des Grundvermögens. Handbuch der Vorschriften
mit erläuternder Einführung, 2. erw. Aufl., o.O.:
Forkel 1972

NEUMANN, M., Zur ökonomischen Theorie des Föderalismus, in:
Kyklos, Vol. 24, 1971, S.493 ff.

NEUMARK, F., u.a., Die Finanzreform und die Gemeinden,
Schriften des Vereins für Kommunalwissenschaft, Bd.
14, Berlin 1966

NEUMARK, F., Probleme und Aspekte einer Finanzreform, in:
F. Neumark u.a., Die Finanzreform und die Gemeinden,
Berlin 1966, S.7 ff.

NOWOTNY, E., On the Incidence of Real Estate Taxation, in:
ZN, Bd. 33, H. 1, S. 133 ff.

OBERHAUSER, A., Die Eignung der Wertschöpfungssteuer als
Gemeindesteuer, in: Kommunale Finanzen und Finanz-
ausgleich, Hg. H. Timm u.a., SVS, Bd. 32, Berlin 1964,
S. 241 ff

OHLS, J.C., T.J. Wales, Supply and Demand for State and
Local Services, in: REStat, Vol. 54, Nov. 1972,
S. 424 ff.

OSMAN, J., On the Use of Intergovernmental Aid as an
Expenditure Determinant, in: NJT, Vol. 21, 1968,
S. 437 ff.

PAGENKOPF, H., Die Haushaltssatzung, zugleich ein Beitrag
zur Reform des Gemeindefinanzrechts, Köln: Heymanns 1972

PAGENKOPF, H., Kommunalrecht, Köln: Heymanns 1971

PAULY, M.V., Optimality, 'Public' Goods and Local Government.
A General Theoretical Analysis, in: JPE, Vol. 78,
1970, S. 572 ff.

PETERSON, G. E., u.a., Property Taxes, Housing and the
Cities, Lexington 1973

PFANNSCHMIDT, M., Die Bodenwertbesteuerung in der Steuer-
und Finanzreform, Frankfurt: Verlag für Sozialwiss.
o. J.

PIDOT, Jr., G. B., A Principal Components Analysis of the
Determinants of Local Government Fiscal Patterns,
in: REStat, Vol. 51, 1969, S. 176 ff.

POGUE, T. F., L. G. Sgontz, The Effects of Grants-in-Aid
on State-Local Spending, in: NJT, Vol. 21, 1968, S. 191 ff.

POPITZ, J., Der künftige Finanzausgleich zwischen Reich,
Ländern und Gemeinden, Berlin: Liebmann 1932

PRODUKTIVITÄTSORIENTIERTE Regionalpolitik, Hg. S. Gunzert,
Berlin: Adolf-Weber-Stiftung 1965

PROPERTY Taxation, Housing and Urban Growth, a Symposium,
Ed.: W. Rybeck, Washington: The Urban Institute 1970

PROPERTY Tax Reform, Ed.: G. E. Perterson, o. O.: The Urban
Institute 1973

RASKE, W., Die kommunalen Investitionen in der Bundesrepublik. Struktur, Entwicklung, Bedeutung, Stuttgart:
Kohlhammer 1971

RAUMORDNUNGSBERICHT 1974, in: Raumordnung, Hg. Bundesminister
für Raumordnung

RAUMORDNUNGSPROGRAMM für die großräumige Entwicklung des
Bundesgebietes, Von der Ministerkonferenz für Raumordnung am 14.2.1975 beschlossen, in: Raumordnung,
Hg. Bundesminister für Raumordnung, Bauwesen und Städte-
bau

READINGS in the Economics of Taxation, Hg. R. A. Musgrave
u.a., London: George Allen 1959

REALSTEUERVERGLEICH 1968, Hg. Statistisches Bundesamt,
Fachserie L: Finanzen und Steuern, Reihe 9: Realsteuern,
I. Realsteuervergleich, Stuttgart: Kohlhammer 1969

REALSTEUERVERGLEICH 1973, SBA. Fachserie L: Finanzen und
Steuern, Reihe 9: Realsteuern, I. Realsteuervergleich,
Stuttgart:Kohlhammer 1974

REFORM der Gemeindefinanzen 1969, Köln: Deutscher Städtetag
1968,

RICHTHOFEN, H. J. v., Probleme der mehrjährigen Finanzplanung in Großstädten. Dargestellt am Beispiel Wiens,
Göttingen: Vandenhoeck und Ruprecht 1970

RUDLOF, H., Das örtliche Aufkommen von Steuern, Bonn: Stollfuß 1961

SACKS, S., R. Harris, The Determinants of State and Local
Expenditures and Intergovernmental Flows of Funds,
in: NJT, Vol 17, No. 1, 1964, S. 75 ff.

SÄTTLER, M., Ein ökonomisches Simulationsmodell für Zentrale
Orte als Instrument der Stadtentwicklungsplanung,
Meisenheim: Anton Hain 1973

SANDLER, T.M., R. B. Shelton, Fiscal Federalism, Spillovers
and the Export of Taxes, in: Kyklos, Vol. 25, 1972,
Fasc. 4, 3. 736 ff.

SCHALL, L. D., A Note on Externalities and Property Valuation,
in: JRS, Vol. 11, No 1, 1971, S. 101 ff.

SCHELLE, K., E. Breitenbach, Grundsteuer. Plädoyer gegen
eine veraltete Steuerform, Bad Wörishofen: Holzmann 1969

SCHILLER, K., Aktuelle Probleme der kommunalen Finanz-
und Steuerpolitik, Bonn: BMWI - Texte 1971

SCHMIDT, J. W., Gemeindefinanzreformgesetz. Kommentar mit
Durchführungsverordnungen, Köln: Kohlhammer 1970

SCHNEIDER, R., Die Gemeinde als wirtschaftspolitisches
Entscheidungszentrum. Dargestellt anhand der Situation
in der Bundesrepublik Deutschland, Berlin: Duncker und
Humblot 1971

SCHNEIDER, H. K., R. Vieregge, Die Grundsteuer in der Finanzreform - Eine Studie zur wirtschafts- und finanzpolitischen Problematik der Grundsteuer, Institut für
Siedlungs- und Wohnungswesen, Münster 1969

SCHNEPPE, F., Raumbedeutsame Wirkungen des kommunalen Finanzausgleichs in Niedersachsen, Hannover: Jänecke 1968

SCOTT, C. D., Forecasting Local Government Spending, Washington:
The Urban Institute 1972

SEIDENFUS, H. S., Die Gemeindefinanzreform in der Diskussion,
Eichholz: Politische Akademie 1969

SIEBER, H., Bodenpolitik und Bodenrecht, Bern: Paul Haupt
1970

SMITH, T. R., Land Value Versus Real Property Taxation:
A Case Study Comparison, in: Land Economics, Vol. 46,
No. 3, 1970, S. 305 ff.

SPIESS, L., Der Finanzausgleich im Lichte volkswirtschaft-
licher Ziele. Ansätze zu einer Theorie des Finanzausgleichs als wirtschaftspolitisches Steuerungsinstrument
im Bundesstaate, Basel: Diss. 1973

STATISTISCHES Jahrbuch Deutscher Gemeinden 1961, Hg. Deutscher
Städtetag, Braunschweig: Waisenhaus 1961

STATISTISCHES Jahrbuch Deutscher Gemeinden 1963, Hg. Deutscher
Städtetag, Braunschweig: Waisenhaus 1963

STATISTISCHES Jahrbuch Deutscher Gemeinden 1970, Hg. Deutscher
Städtetag. Braunschweig: Waisenhaus 1970

STATISTISCHES Jahrbuch Deutscher Gemeinden 1973, Hg. Deutscher
Städtetag, Braunschweig: Waisenhaus 1973

STATISTISCHES Jahrbuch Deutscher Gemeinden 1974, Hg. Deutscher
Städtetag, Köln: Bachem 1974

STATISTISCHES Jahrbuch für die Bundesrepublik Deutschland
1973, Hg. SBA, Stuttgart: Kohlhammer 1973

STATISTISCHES Jahrbuch für die Bundesrepublik Deutschland
1974, Hg. SBA, Stuttgart: Kohlhammer 1974

STATISTISCHES Jahrbuch für die Bundesrepublik Deutschland
1975, Hg: SBA, Stuttgart: Kohlhammer 1975

STELLUNGNAHME der Bundesvereinigung kommunaler Spitzenver-
bände zum Gutachten über die Finanzreform in der BRD,
Hg. Bundesvereinigung kommunaler Spitzenverbände,
Köln 1967

STELLUNGNAHME zum Gutachten der Kommission für die Finanzreform, Hg. Forschungsinstitut der Friedrich-Ebert-
Stiftung, Bad Godesberg 1966

STOTZ, M., Die Entwicklung und der gegenwärtige Stand des
Finanzausgleichs in der Bundesrepublik Deutschland
verglichen mit den Finanzausgleichssystemen in anderen
Ländern, Freiburg/Schweiz: Diss. 1972

STRUYK, R. J., An Analysis of Tax Structure, Public Service
Levels, and Regional Economic Growth, in: JRS, Vol 7,
1967, S. 175 ff.

STRUYK, R. J., Effects of State Grants-in-Aid on Local
Provision of Education and Welfare Services in New
Jersey, in: JRS, Vol. 10, 1970, S. 225 ff.

THIEME, W., Bund, Länder und Gemeinden, in: AK, 2. Jg.,
1963, S. 185 ff.

TIEBOUT, C. M., An Economic Theory of Fiscal Decentralization
in: Public Finance: Needs, Sources, and Utilization,
Princeton: NBER 1961, S. 79 - 96

TIEBOUT, C. M., A Pure Theory of Local Expenditures, in:
JPE, Vol. 64, 1956, S. 416 ff.

TIMM, H., Finanzpolitische Autonomie untergeordneter Gebietskörperschaften (Gemeinden) und Standortverteilung.
Ein Beitrag zur ökonomischen Beurteilung des Finanzausgleichs, in: Kommunale Finanzen und Finanzausgleich,
Hg. H. Timm u. a. , SVS, NF, Bd. 32, Berlin 1964

TIMM, H., Gemeindefinanzen, in: Handwörterbuch der
Sozialwissenschaften, Bd. 4, Stuttgart 1965, S. 299 ff.

TIMM, H., Bemerkungen zur wirtschaftspolitisch orientierten
nichtfiskalischen Besteuerung, in: FA, Bd. 27, 1968,
S. 87 ff.

TODT, H. Zur Abgrenzung von wirtschaftlichen Regionen, in:
ZS, Band 127, 1971, S. 284 - 295

TROLL, M., Grund und Boden, Politik und Steuern, Heidelberg:
Verlagsgesellschaft 1972

TUNG, T. H., Optimal Spatial Patterns of Production and
Decision Making, in: RSA, PP, Vol. 15, 1965, S. 143 ff.

TURVEY, R., The Economics of Real Property, London: George
Allen and Unwin 1957

UEBERHORST, W. Die wirtschafliche Betätigung der Gemeinden,
Herford: Maximilian 1974

ÜBERLA, K., Faktorenanalyse, Berlin 1968

VOIGTLÄNDER, H., Die raumordnungspolitische Problematik
des Finanzausgleichs zwischen Land und Gemeinden in
Schleswig-Holstein, Hamburg: Diss. 1969

WEICHER, J. C., Determinants of Central City Expenditures:
Some Overlooked Factors and Problems, in: NTJ, Vol. 23,
No. 4, 1970, S. 379 ff.

WEICHER, J. C., R. J. Emerine II, Econometric Analysis
of State and Local Aggregate Expenditure Functions,
in: PF, Vol.28, 1973, S. 69 ff.

WEINBERGER, B., Die Finanzwirtschaft der Gemeinden, in:
Die öffentliche Verwaltung, Jg. 22, Stuttgart 1969,
H. 23, 24, S. 825 ff.

WEINSTEIN, B. L., State Tax Incentives to Promote Private
Investment in Urban Poverty Areas: an Evaluation,
in: Land Economics, Vol. 47, No. 4, 1971, S. 421 ff.

WEIS, D., Wirtschaftsstruktur und gemeindliche Steuerkraft.
Tagungsbericht Deutscher Städtestatistiker, Göttingen
1968, S. 62 ff.

WERLE, M., Realsteuervergleich 1972. Istaufkommen,Grundbeträge,
Hebesätze der Realsteuern, in: WS, H. 10, 1973, S. 579 ff.

WILLIAMS, A., The Optimal Provision of Public Goods in a
System of Local Government, in: JPE, Vol. 74, 1966,
S. 18 ff.

WINSBOROUGH, H. H., Variations in Industrial Composition
with City Size, in: RSA, PP, Vol. 5, 1959, S. 121 ff.

WÜBBEN, W., Verfahren kommunaler Einnahmeschätzung, Opladen:
Westdeutscher Verlag 1972

ZEITEL, G., Kommunale Finanzstruktur und gemeindliche Selbstverwaltung, in: AK, 9. Jg., 1970, S. 1 ff.

ZEITEL, G., Die zweckmäßige Struktur des kommunalen Steuer-
    systems, in: Kommunale Finanzen und Finanzausgleich,
    a.a.O., S. 173 ff.

ZENTRALE Orte und ihre Verflechtungsbereiche, Entschließung
    der Ministerkonferenz für Raumordnung vom 8.2.1968.
    Abgedruckt im Raumordnungsbericht 1968 (BT - Druck-
    sache V/3958 S. 149)

ZIMMERMANN, F., Das Gesetz zur Reform des Grundsteuerrechts,
    Köln: Kohlhammer 1973

ZIMMERMANN, H., Öffentliche Ausgaben und regionale Wirtschafts-
    entwicklung, Tübingen: Mohr 1970

ZWILLING, E., Untersuchungen zu einem rationalen Steuer-
    system der Gemeinden, Meisenheim: Hain 1971

GESETZESTEXTE

Bewertung

BEWERTUNGSGESETZ in der Fassung vom 26.9.1974, BGBl 1974
    I S. 2370 ff.

Finanzausgleich

GESETZ über den Finanzausgleich zwischen Bund und Ländern
    vom 28.8.1969, BGBl, 1969 I S. 1432 ff.
    geändert BGBl 1971 I S. 187
    geändert BGBl 1972 I S. 2049
    geändert BGBl 1974 I S. 1045

ERSTE VERORDNUNG zur Durchführung des Gesetzes über den
    Finanzausgleich zwischen Bund und Ländern v. 30.1.1970,
    BGBl 1970 I S. 143

ZWEITE VERORDNUNG zur Durchführung des Gesetzes über den
    Finanzausgleich zwischen Bund und Ländern im Aus-
    gleichsjahr 1970 v. 24.4.1973,
    BGBl 1973 I S. 329 f.

ERSTE VERORDNUNG zur Durchführung des Gesetzes über den
    Finanzausgleich zwischen Bund und Ländern im Aus-
    gleichsjahr 1971 v. 21.5.1971,
    BGBl 1971 I S. 701 f.

ZWEITE VERORDNUNG zur Durchführung des Gesetzes über den
    Finanzausgleich zwischen Bund und Ländern im Aus-
    gleichsjahr 1971 v. 10.5.1973,
    BGBl 1973 I S. 456

ERSTE VERORDNUNG zur Durchführung des Gesetzes über den
    Finanzausgleich zwischen Bund und Ländern im Aus-
    gleichsjahr 1972 v. 14.12.1972,
    BGBl 1972 I S. 2457 f.

ZWEITE VERORDNUNG zur Durchführung des Gesetzes über den
    Finanzausgleich zwischen Bund und Ländern im Aus-
    gleichsjahr 1972 v. 18.1.1974,
    BGBl 1974 I S. 101 f.

ERSTE VERORDNUNG zur Durchführung des Gesetzes über den
    Finanzausgleich zwischen Bund und Ländern im Aus-
    gleichsjahr 1973 v. 20.3.1973,
    BGBl 1973 I S. 234

ZWEITE VERORDNUNG zur Durchführung des Gesetzes über den
Finanzausgleich zwischen Bund und Ländern im Aus-
gleichsjahr 1973 v. 12.12.1974,
BGBl 1974 I S. 3488

ERSTE VERORDNUNG zur Durchführung des Gesetzes über den
Finanzausgleich zwischen Bund und Ländern im Aus-
gleichsjahr 1974 v. 31.7.1974,
BGBl 1974 I S. 1860

BEKANNTMACHUNG der Neufassung des Gesetzes über den Finanzausgleich in Schleswig-Holstein (Finanzausgleichsgesetz) v. 6.5.1974,
SHGVBl 1974 S. 117 ff

BEKANNTMACHUNG der Neufassung des Gesetzes über den
Finanzausgleich v. 10.9.1973,
NdsGVBl 1973 S. 309 ff.

GESETZ zur Regelung des Finanz- und Lastenausgleichs mit
den Gemeinden und Gemeindeverbänden für das Haushaltsjahr 1974 (Finanzausgleichsgesetz 1974) v.
7.1.1974,
in: Gesetz- und Verordnungsblatt für das Land
Nordrhein-Westfalen 1974, S.22 ff.

Gemeindefinanzreform

ZWANZIGSTES GESETZ zur Änderung des Grundgesetzes v. 12.5.1969,
BGBl 1969 I S. 357 f.

EINUNDZWANZIGSTES GESETZ zur Änderung des Grundgesetzes
(Finanzreformgesetz) v. 12.5.1969,
BGBl 1969 I S. 359 ff.

GESETZ zur Neuordnung der Gemeindefinanzen (Gemeindefinanzreformgesetz) v. 8.9.1969,
BGBl 1969 I S. 1587 ff.

GESETZ zur Änderung des Gemeindefinanzreformgesetzes
v. 27.12.1971,
BGBl 1971 I S. 2157

ZERLEGUNGSGESETZ 1971, Bekanntmachung der Neufassung des
Gesetzes über die Steuerberechtigung und die Zerlegung bei der Einkommensteuer und der Körperschaftsteuer v. 25.2.1971,
BGBl 1971 I S. 145 ff.

VERORDNUNG über die Ermittlung der Schlüsselzahlen für die
Aufteilung des Gemeindeanteils an der Einkommensteuer
ab 1970 v. 26.11.1969,
BGBl 1969 I S. 2149 f

LANDESVERORDNUNG über die Ermittlung des Istaufkommens
 des Gemeindeanteils an der Einkommensteuer für die
 Finanzausgleichsjahre 1970 und 1971 v. 11.6.1970,
 SHGVBl 1970 S. 155

Gewerbesteuer

GEWERBESTEUERGESETZ 1969, Bekanntmachung der Neufassung
 des Gewerbesteuergesetzes v. 20.10.1969,
 BGBl 1969 I S. 2021 ff.

Grundsteuer

GESETZ zur Reform des Grundsteuerrechts v. 7.8.1973
 BGBl 1973 I A. 965 ff.